VICTOR DUEZ

FAUSSES DOCTRINES

ET

CROYANCES VRAIES

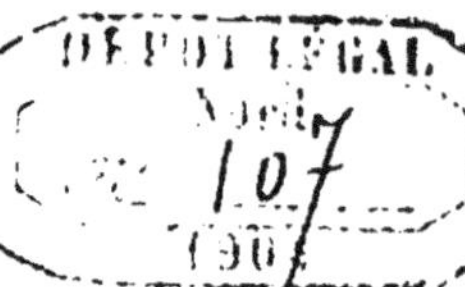

La Raison est ton guide,
Ta conscience est ton juge.

 PRIX : 0.50 Centimes 

LILLE
Imp. ouv. M Dhoossche, 147, rue d'Arras

1904

VICTOR DUEZ

FAUSSES DOCTRINES

ET

CROYANCES VRAIES

La Raison est ton guide,
Ta conscience est ton juge.

1713

Fausses Doctrines

et

Croyances vraies

CHAPITRE I

La Faillite morale

La terre, cette parcelle infime de l'univers, cet atôme imperceptible roulant dans l'infini, traverse en ce commencement de siècle une crise terrible à la fois matérielle et morale : Morale surtout, car les accidents matériels ne sont, dans un grand nombre de cas, que les conséquences tangibles de la décadence. de l'intelligence et de la raison.

Si depuis quelques siècles les admirables découvertes scientifiques ont fait, en se succédant méthodiquement, pénétrer la civilisation jusqu'aux limites les plus extrêmes du globe et en ont, presque complètement, transformé l'aspect matériel, au point de vue moral et philosophique, l'humanité semble s'opposer avec énergie à la marche incessante du progrès. La popularité du vice et des dépravations humaines grandit de jour en jour. La puissance du mal s'étend lentement et sûrement sur le monde et semble destiné à le dominer de sa souveraineté. Les vertus les plus nobles sont confondues avec les passions les plus abjectes. On élève des trônes à l'égoïsme et à la vanité, et l'on rejette le désintéressement et la modestie comme utopies et chimères. L'humilité, cette vertu préférée du christ, disparait peu à peu emportée par le torrent de boue sans cesse grandissant déversé par l'orgueil et ses adeptes. La vraie philanthropie, celle qui grandit l'homme et le rapproche de Dieu, a été remplacée par une autre, celle-là, fausse et hypocrite, qui, en attribuant à l'homme un mérite exagéré de ses bonnes actions, le sature d'orgueil et transforme en vice ce qui devait être vertu.

Une seule vertu est prônée et reconnue ; une seule puissance est attestée et respectée. Celle de l'or ! ! De l'or qui, en groupant sous son égide tout ce que l'humanité peut contenir de bassesse et de corruption, a constitué ainsi une sorte de trust du vice. Sous l'influence de faux préjugés, de fausses doctrines ou de fausses vertus, l'âme, d'abord hésitante, insuffisamment mise en garde contre elle-même pour ne pas confondre les assises du vice avec celles de la vertu, se déforme, se désagrège, se corrompt et finit par sombrer dans le gouffre insondable de l'abjection.

Au milieu de cet inextricable chaos, de cette tempête morale qui souffle sur les deux continents et menace de renverser sur son passage les derniers principes de la loyauté et de l'honneur, que fait l'âme qu'un cri de sa conscience arrête instinctivement au bord de l'abîme où elle allait s'élancer ? Que fait l'âme qui, avant de conclure le pacte d'infamie avec la honte, recule effarée en se demandant avec effroi si tel est bien le but de la vie, si l'architecte de l'univers n'a construit les vertus les plus nobles que pour les jeter en pâture au vice, si l'homme n'a été créé que pour combattre l'homme, si le soleil ne brille réellement que pour l'imposteur, si l'honneur n'est qu'un mythe et les sentiments élevés des paradoxes ?

Un grand nombre de créatures épouvantées devant l'énormité du problème posé qu'elles jugent insoluble, incapables d'ailleurs de dégager la vérité des brumes obscures du mensonge qui l'environnent, ont recours au suicide pour échapper à la torture morale et à l'incertitude qui les dévorent. D'autres, voulant quand même arracher à l'univers le secret de sa genèse et savoir à quels liens mystérieux se rattachent ses lois, se retournent vers l'idée première et rationnelle de l'existence d'un être suprême. Dégagée du contact impur et démoralisateur de la terre, face à face avec le grand livre de la nature toujours grand ouvert pour ceux qui veulent y puiser des enseignements clairs et précis, l'âme, reprenant bien vite possession de son indépendance et de ses facultés, reconnaît facilement la véracité de l'existence de Dieu, mais, quand elle veut rechercher dans l'étude des différentes doctrines religieuses la solution du problème divin, elle retombe dans ses errements et ses incertitudes ; la variété des cultes, la multiplicité des dogmes, l'étrangeté de certaines doctrines, la rebutent et l'écœurent, elle se cabre et se révolte devant tant de conceptions différentes attribuées au Dieu unique et finalement se rejette dans la doctrine du néant.

Le désordre moral, le triomphe du vice l'avaient rendu sceptique devant l'idée de Dieu ; l'étude de ses doctrines erronées et de ses faux cultes l'a rendue matérialiste et athée.

Est-ce à dire que l'humanité, complètement viciée, doit fatalement sombrer dans le gouffre qu'elle s'est creusée. La société peu à peu corrompue jusque dans ses replis les plus profonds, est-elle irrémédiablement condamnée sans espoir de s'affranchir jamais du joug des passions et des vices sous lequel elle succombe ? Le progrès, après être resté aussi longtemps stationnaire fera-t-il machine en arrière en nous replongeant dans l'état où nous ont trouvé les premiers siècles de la civilisation ?

Nous sommes convaincus du contraire.

Dieu peut-il laisser s'écrouler ou même s'altérer ce qu'il a fait ? Evidemment non ! Croire un seul instant que Dieu abandonnerait un monde après l'avoir créé serait l'insulte la plus sanglante lancée à sa justice et à sa puissance. Ce qu'il importe pour nous de ne pas oublier, c'est que nous sommes une parcelle de cette conception admirable de Dieu qui est l'univers dont les lois immuables nous régissent. Si Dieu semble abandonner notre planète à sa destinée, c'est qu'il veut que l'humanité sache se relever elle-même de sa chute ; ce qu'il sait, c'est qu'il a donné à l'homme deux guides immuables, l'intelligence et la raison, avec lesquels il peut et doit replacer sur leur trône la vertu et l'honneur et porter bien haut le flambeau de la civilisation et l'étendard du progrès.

L'homme porte en lui-même le germe des vertus les plus nobles. Qu'il sache comprendre que ces sentiments élevés qui existent en lui à l'état latent ne demandent qu'à s'accroître et à s'étendre à l'infini sous l'effort de sa volonté. Qu'il sache qu'en se dégageant par la pensée de l'atmosphère vicié de la terre et en planant quelques instants dans les régions éthérées, la vérité lui apparaîtra tout entière et resplendissante de lumière. Ce que l'on appelle sur terre, utopies, chimères, paradoxes, deviennent vérités fondamentales lorsque l'on élève son regard vers l'infini ; les doctrines les plus brillantes, construites sur des bases qui semblent inébranlables, s'évanouissent comme la fumée balayée par le vent lorsque l'on interroge l'immensité.

Ames tristes et désespérées, pour qui le sort semble fatal et la destinée maudite ; cœurs meurtris, ballotés à travers l'océan de la vie comme une épave au gré d'une vague furieuse ! Avant de vous laisser entraîner dans l'abîme du désespoir, planons pendant quelques instants au-dessus du monde terrestre. Ecoutons la voix de Dieu qui nous parle par la grande nature. Sans nous appuyer sur aucune doctrine, sachons discerner nous-mêmes à quoi tient la vie qui nous a été donnée et quel en est le but. Peut-être découvrirons-nous dans cette étude un remède à nos afflictions ; et à nos épreuves une consolation que nous ne pouvons trouver dans des sanctuaires où Dieu ne se trouve pas. A ceux qui nous appelleront impies ou athées, nous répondrons que les véritables athées sont ceux qui, par de faux cultes, des rites grossiers, des manifestations bruyantes et une doctrine hypocrite, prêtent à Dieu une conception ridicule, et une justice aveugle et terrible qui fait rougir l'homme de cœur et révolte l'humanité.

CHAPITRE II

Le Problème divin

Dieu ! ! !

Ce problème troublant de la divinité a passionné les philosophes appartenant à toutes les écoles et à toutes les époques. Les partisans des différentes doctrines religieuses et philosophiques ont voulu arracher à l'univers le secret de sa formation et ont résolu, selon la méthode adaptée à leurs doctrines, le problème divin. Les différentes théologies religieuses nous montrent Dieu sous une infinité d'aspects et nous en font une multitude de descriptions dont la plupart ne sont que pittoresques, tandis que beaucoup d'autres ne réprètent en aucune façon l'image de la divinité telle que peut le concevoir l'homme sensé et raisonnable. Le matérialisme et son corrélatif l'athéisme (nés de la bizarrerie de certaines doctrines religieuses et du nombre incalculable de définitions absurdes qui existent dans chacune d'elles) se contentent d'affirmer que l'univers n'est pas régi par une loi divine, mais par des lois naturelles et fatales ; l'hypothèse d'un Dieu créateur ne serait qu'un mythe superstitieux, reste de l'antiquité païenne. Faux également l'existence de l'âme, tout est matière chez l'homme et obéit à des lois mécaniques et naturelles. Sortis du néant nous retournons au néant. Adversaire aussi absolu du matérialisme que de tous les cultes et doctrines religieuses quelles qu'elles soient, nous répondons d'abord aux athées que les plus grands philosophes se sont tous accordés pour prouver qu'il n'existait pas d'effets sans causes; considérons donc les effets si nous voulons connaître les causes. Jetons un coup d'œil sur cet univers, nous y verrons que l'harmonie la plus admirable y réside, que les productions les plus immenses comme les plus infimes sont disposées avec ordre et sagesse, que pas un objet dans la nature n'est sans utilité ni en désaccord avec cette harmonie universelle. Les effets étant intelligents sont donc produits par une cause intelligente. Or, le mot intelligent peut-il être donné à des lois naturelles, mécaniques et par conséquent aveugles ?

« Le cerveau humain secrète la pensée comme le foie secrète la bile » a dit un philosophe matérialiste ; triste définition de la seconde individualité de l'homme, qui est pourtant capable des élans les plus généreux et des sacrifices les plus sublimes. Pourquoi cette loi mécanique et fatale qui régit l'homme a-t-elle le don d'enfanter dans son cerveau ces hautes aspirations et ces conceptions grandioses ? Pourquoi, sous l'empire de cette loi mystérieuse et matérielle, l'homme tend-il à se dégager de la matière pour s'élever vers des régions idéales et immatérielles ? Une loi mécanique est surtout uniforme, alors, pourquoi cette variété de races, cette intelligence d'élite chez les uns, nulle chez les autres ? Une loi naturelle obéissant à une cause aveugle, est-elle susceptible d'être modifiée même par les études les plus savantes ? Autant de graves problèmes que le matérialisme a voulu résoudre avant de les avoir posés.

Aux prétendus adversaires du matérialisme, aux théologiens de mauvaise foi qui se flattent de détenir pour eux-seuls la clef des lois cosmologiques et le secret de l'existence de l'être éternel; à ceux qui, par une doctrine qui semble supérieure à ses analogues, et qui n'est formée, en réalité, que par d'anciennes pratiques dérivant du paganisme ou de quelques rites empruntés aux religions orientales ; à ceux qui prétendent ainsi enseigner le vrai culte de Dieu, et jettent l'anathème à ceux qui refusent de se courber devant leur autorité, nous répondrons que Dieu se trouve partout excepté dans leurs fausses démonstrations et qu'il n'est pas nécessaire de répandre des flots d'encre en dissertations vaines, ni de rassembler des conseils composés de personnages n'ayant pas plus d'autorité en la matière que le plus commun des mortels, pour démontrer à l'homme une vérité aussi claire et aussi rationnelle que l'existence d'une puissance divine et sage qui rayonne sur l'univers.

Ce que Dieu est ? Cette question ardue a été discutée par les plus grands philosophes anciens et modernes et chacun l'a résolue selon son propre idéal ou ses convictions intimes. A la vérité, l'âme humaine peut concevoir l'idée de Dieu, mais ne saurait la définir complètement : Pour que l'homme comprenne Dieu il faudrait qu'il fût lui-même un dieu.

Dieu c'est l'être incréé qui existe de lui-même sans être le résultat d'aucune cause. Dieu c'est l'être immense qui n'a pas de limite et ne peut en avoir, c'est le flambeau qui ne s'éteint jamais et qui projette sur l'infinité des mondes sa lumière resplendissante et éternelle, c'est la balance admirable qui distribue à chacun avec justesse et régularité sa part de la création.

Dieu c'est le fluide mystérieux qui donne à la nature cette vie active et cette gaieté toujours nouvelle que nous nous plaisons tant à admirer, c'est cet idéal, ce souffle céleste qui dirige la main de l'artiste et inspire le poète. C'est le frémissement qui secoue la nature à l'aube d'une belle journée, c'est la rosée bienfaisante qui fait épanouir la rose aux premiers rayons de l'astre du jour, c'est l'instinct merveilleux qui fait chanter le rossignol aux premières lueurs de l'aube, et qui met la fauvette en garde contre les oiseaux de proie. Dieu c'est le sourire qui vient éclairer le visage du juste qui s'apprête à partir pour l'éternité, c'est le remords qui torture la conscience du criminel, c'est le frisson d'horreur qui secoue l'homme de bien à la vue d'une action vile, c'est la voix mystérieuse qui nous crie « espoir » dans nos adversités, l'intuition qui nous prévient des dangers auxquels nous sommes exposés, c'est la satisfaction intérieure que nous éprouvons après l'accomplissement d'une bonne action. Dieu ! c'est le rayon d'espoir qui vient visiter le malheureux dans sa chaumière et lui fait entrevoir sa récompense future, c'est l'esprit de solidarité qui crie aux hommes qu'ils sont sur la terre pour une mission tout autre que celle de s'entre déchirer, c'est cet emportement généreux de l'âme qui fait éclore les actions héroïques et les dévouements sublimes.

Demander où est Dieu c'est demander où se trouve l'immensité, c'est demander où se trouve l'âme, où resplendit la lumière du soleil.

Matérialistes et athées c'est à la face du Dieu lui-même que vous reniez, que vous prêchez vos théories folles ou absurdes. Théologiens fanatiques, prêtres orgueilleux, c'est aux côtés du vrai Dieu que vous élevez des trônes à ceux que vous avez façonnés de vos propres mains et parés de fausses vertus, c'est sous les yeux du créateur que vous rendez à ce vil métal qu'on appelle l'or, le culte qui revient à Dieu.

Monarques despotiques, autocrates puissants, souvenez-vous que Dieu plane au-dessus de vos trônes et juge chacune de vos actions. Si dans l'ivresse de votre puissance, saturés d'orgueil par l'or et la magnificence qui vous environnent, vous oubliez que beaucoup de vos sujets meurent de faim, Dieu, lui, ne l'oublie pas et saura vous reprendre cette puissance et cet or dont vous vous servez pour satisfaire vos ambitions personnelles.

Riches orgueilleux et sensuels qui ne vivez qu'en fêtes bruyantes et pour qui la contemplation de vos richesses entassées constitue le seul culte, ne craignez-vous pas que Dieu qui ne quitte pas votre ombre ne vous reprenne votre idole, qui d'ailleurs ne vous appartient pas, pour la répartir entre de plus dignes et de plus sensés.

Déshérités de la nature, pour qui la vie est une lutte terrible, âmes simples et méconnues, ne vous désespérez pas dans vos afflictions, Dieu se plaît beaucoup mieux dans vos chaumières que dans le palais des rois, déshérités aujourd'hui le serez-vous encore demain ? Une génération ne compte pas devant l'éternité. Pas une seule âme n'est destinée à être abandonnée du créateur.

Les partisans de la doctrine du néant appelleront paradoxes ce qui précède. Nous leur répondrons que nos convictions n'ont rien de paradoxales, qu'elles ne sont pas le fruit de doctrines fatalistes ou de croyances superstitieuses, mais qu'elles ont pour base la raison saine et indépendante.

Les sceptiques nous réclameront des preuves tangibles, des manifestations plus précises et plus sensibles de l'être divin. Les déductions les plus intelligentes, les démonstrations les plus justes les laisseront impassibles. Les preuves morales et rationnelles ne suffisent pas à ses esprits constamment envahis par le doute, il leur faut des faits matériels pour les convaincre de l'existence de Dieu.

Des preuves matérielles ! ! mais on en rencontre à chaque pas, disséminées à travers le globe. Considérez une production quelconque de notre planète vous reconnaîtrez bien vite qu'une intelligence suprême a présidé à sa construction.

Les preuves, c'est la vie active et continuelle qui existe partout, jusque dans les recoins les plus ignorés de la terre. C'est l'immense variété des plantes disposées avec ordre et sagesse sous les climats qui leur sont propres et dans les conditions nécessaires à leur vitalité. C'est la multiplicité des classes appartenant au règne animal, dans lequel on trouve des créations admirables souvent bizarres, d'autres fois monstrueuses, toujours intéressantes et dont la conformation est toujours en harmonie avec le milieu dans lequel ils sont destinés à vivre et à procréer.

C'est cet océan sans bornes dans lequel la vie est aussi active que dans les cités les plus denses de la terre, cet océan dans les profondeurs duquel vit un monde ignoré et merveilleux, où se retrouvent les productions des trois règnes, depuis les plus infimes jusqu'aux plus gigantesques.

Si tu n'es pas convaincu, ô sceptique ! devant ces merveilles terrestres, lève les yeux vers l'immensité et contemple ce monde sidéral dont les profondeurs te sont inconnues. Vois cet infini sans limite, cette multitude de soleils, ce nombre incalculable de mondes auprès desquels le nôtre n'est qu'un atôme imperceptible. Peut-être, en ces mondes mieux pourvus que le nôtre, habités par des hommes plus intelligents et, par conséquent, moins viciés que nous, Dieu se manifeste-t-il d'une manière plus tangible que sur notre planète déshéritée ? L'avenir, ou plutôt l'éternité nous l'apprendra. Sceptiques ou athées, doutez encore si vous l'osez, reniez Dieu devant ces merveilles ; cependant, lorsque vous aspirez avec délice le parfum exalé par la rose, lui demandez-vous d'où lui vient ce parfum ?

Et vous, prêtres infimes, quand, parés de vos somptueux ornements, vous vous apprêtez à parader en chaire et à vous proclamer le ministre et l'égal de Dieu, entreprenez donc, par la pensée, un voyage dans l'immensité ; élancez-vous dans l'espace avec la vitesse de la lumière qui est la plus grande qui soit connue. Dans votre course vertigineuse, apparaîtront des soleils dont les dimensions incalculables ne disent plus rien à notre esprit. Vous y rencontrerez des mondes et encore des mondes, dont le volume fantastique dépasse celui de la terre de plusieurs millions de fois. Après un système solaire, se succèdent d'autres systèmes solaires ; après une nébuleuse, d'autres nébuleuses. Pas une région de l'infini qui n'aie ses astres et ses mondes.

Quand vous aurez ainsi parcouru l'espace pendant dix, vingt ou trente années à la vitesse de 70.000 lieues par seconde, et que vous vous apercevrez que vous n'êtes pas plus rapprochés du terme de votre voyage qu'avant votre départ, peut-être vous demanderez-vous si celui dont vous venez de contempler l'ouvrage, peut avoir des représentants sur la terre ; si ce n'est pas un monstrueux blasphème de vous comparer et de vous déclarer l'égal de ce Dieu, qui peut faire plus en une seconde qu'une légion de philosophes et de savants ne pourraient en penser dans l'espace d'un siècle.

CHAPITRE III

Les Cultes

Nous avons essayé de donner une idée, bien imparfaite, nous en convenons, de ce que peut être le Dieu créateur.

Nous jetterons, maintenant, un coup d'œil sur la terre, pour examiner, le plus brièvement possible, de quelle manière les hommes ont admis l'idée de Dieu et comment son culte a été, de tout temps, pratiqué.

Dès la plus haute antiquité, les premiers hommes, effrayés de leur faiblesse au milieu des phénomènes de la nature dont les lois leur échappaient, adorèrent, prenant l'effet pour la cause, tout ce qui frappait leur imagination. Ils attribuèrent le bien et le mal à des génies bons ou mauvais ; ils appelèrent sur eux par leurs prières les bienfaits des uns et conjuraient le courroux des autres : L'idée de Dieu, idée primitive, il est vrai, était née. Les traditions se transmirent de l'Asie, berceau du monde, en Egypte, d'Egypte en Grèce, de la Grèce dans les autres parties de l'Europe. Les arts et la poésie s'emparèrent de la tradition, l'embellirent et la consacrèrent ; la philosophie vint à son tour donner, par une morale plus haute, un sentiment plus élevé de la religion.

Le polythéisme, doctrine religieuse qui admet la pluralité des dieux sans pouvoir y adapter aucun système philosophique, étendit pendant très longtemps son influence sur les peuples de la terre. Il fallut l'avènement du Christ pour faire triompher le monothéisme et lui donner la suprématie qu'il a conservée depuis. La doctrine monothéiste ne fut jamais parfaitement comprise du peuple juif, on le voit par les nombreuses tentatives qu'ils firent pour retourner à l'idolatrie, malgré l'autorité de Moïse.

Quoique vaincu à jamais par le monothéisme qui satisfait mieux la raison en lui donnant une image de la divinité plus sensible et mieux définie, on retrouve le polythéisme longtemps encore après l'avènement du Christ protégé par le despotisme des empereurs romains, mais bientôt la civilisation vint achever ce qu'avait commencé le christianisme. Le polythéisme n'est plus guère représenté aujourd'hui que par le fétichisme, religion ridicule et grossière, pratiquée par environ 200 millions d'individus il est vrai, mais dont la plupart appartiennent aux peuplades barbares du centre de l'Afrique, de l'Amérique et de l'Océanie, où la civilisation n'a pas encore fait sentir son influence bienfaisante. Le brahmanisme et le boudhisme classés comme religions prolythéistes représentent en réalité l'idée monothéiste ainsi que nous le verrons plus loin.

Le christianisme peut assurément être considéré comme le premier flambeau de la civilisation. Sa morale pure et sublime rayonne au-dessus de toutes les doctrines qui furent prêchées à cette époque, ce fut lui qui arracha les peuples de la barbarie dans lequel ils étaient plongés, ce fut lui qui mit fin à ces luttes sanglantes, à ces coutumes barbares avec lesquelles les hommes de l'époque s'entredéchiraient. Il faut donc savoir gré à l'église d'avoir, dès les premiers siècles de son existence, propagé les vertus du Christ dont la morale remplie d'apaisement et de sagesse fit naître la véritable philosophie, fit éclore chez l'homme des sentiments généreux, donna son premier essor au progrès et contribua à faire connaître les bienfaits de la civilisation, inconnue jusqu'alors.

La doctrine du Christ prêchée d'abord selon la volonté et les idées de son fondateur, se déforma bientôt par les définitions hypocrites que lui donnaient ceux qui l'enseignaient. L'église, qui sentait grandir son ambition à mesure que le christianisme étendait son influence bienfaisante sur une grande partie du globe, oublia bien vite le but véritable de sa mission, vit dans la popularité de la nouvelle doctrine un aliment propre à satisfaire ses désirs ambitieux ; l'idée lui vint de monopoliser le culte de Dieu et d'imposer son autorité à tous ceux qui se grouperaient sous l'égide de la doctrine de Jésus. De cette autorité imposée par la force et la crainte sortirent de nouveaux dogmes ; l'église retrancha de la doctrine du Christ tout ce qui aurait pu nuire à son autorité ou amoindrir sa puissance. Le culte catholique était fondé. Le christianisme destiné à faire connaître aux hommes les principes les plus nobles de la charité et de l'amour du prochain était transformé en une formidable opération commerciale.

Le christianisme eut bientôt à subir d'autres vicissitudes : Mahomet apparut vers le sixième siècle de l'ère chrétienne et opposa à la doctrine de Jésus qui avait pour caractère la douceur, la sienne qui avait la force comme loi principale. La renommée du prophète s'accrut rapidement et le coran, qui, selon Mahomet, était tombé du ciel, verset par verset, ne tarda pas à devenir sacré pour une grande partie des peuples de l'Afrique et de l'Asie centrale. Quoique la plupart des dogmes de la religion musulmane aient été empruntés à la religion des Juifs, Mahomet s'attacha surtout à enseigner à ses fidèles la haine de l'étranger et en particulier celle du nom chrétien. Cette haine partagée et entretenue par les prêtres de Brahma et de Boudha, a créé cet antagonisme puissant, cette haine de races, cette rivalité de sectes, que la civilisation n'a pu faire disparaître et qui met un obstacle infranchissable au libre développement des relations économiques et politiques existant entre les peuples orientaux et occidentaux.

Actuellement le culte de Dieu pratiqué par les nations civilisées est représenté par cinq religions principales : Le brahmanisme et le boudhisme, qui est le brahmanisme réformé, professés par 650 millions d'hommes, étendent leur influence sur presque toute l'Asie ; le Mahométisme a pour adeptes les habitants du centre de l'Afrique et de la Turquie ; le Judaïsme compte 6 millions de fidèles disséminés à travers le monde ; enfin le christianisme qui comprend : le catholicisme dont 200 millions de fidèles reconnaissent l'autorité du pape, l'église grecque qui obéit soit à l'empereur de Russie, soit à d'autres patriarches ; le protestantisme qui compte environ 110 millions de fidèles est divisé lui-même en un certain nombre de sectes dont nous n'avons pas à nous occuper ici.

Laquelle de ces religions est la meilleure ? diront les bonnes gens. Adressez cette question à un membre de chacune de ces religions, vous serez édifiés ; c'est-à-dire que, sous des dénominations différentes, vous retrouverez le même Dieu. Dans toutes les doctrines religieuses existent la partie morale et philosophique et la partie matérielle.

Les différentes philosophies religieuses ne diffèrent pas sensiblement les unes des autres et correspondent toutes assez exactement à l'idée de Dieu, seul le côté matériel varie.

Chaque prophète ou chaque patriarche a voulu donner à sa doctrine un ornement extérieur qui lui soit propre, en empruntant des rites aux autres religions, ou en en instituant de nouveaux de sa propre autorité. C'est pourquoi l'on voit ce mélange bizarre, cette confusion de rites et de cérémonies parfois ridicules auxquelles pas une religion n'a échappée.

Sans nous arrêter longtemps à décrire les dogmes composant chaque religion, nous croyons utile de donner le plus brièvement possible une idée purement philosophique de chacune d'elles.

Le brahmanisme est la religion de Brahma.

Brahma est l'être suprême des Hindous, c'est le Dieu absolu, invisible et incréé. Brahma n'est pas le créateur de l'univers. Il est trop au-dessus de la création pour avoir rien créé. Brahma est aussi appelé le néant, en raison même de son immobilité. Au-dessous de lui, apparaît la grande trinité : Brahman, Vishnou et Siva.

Ces trois divinités inférieures sont seules adorées, Brahma n'a pas besoin de l'hommage des hommes. Comme on le voit, l'idée monothéiste dominait dans l'ancienne théodicée hindoue. Mais le brahmanisme n'a pas échappé à la loi commune, de nouveaux dogmes sont venus déparer la véritable doctrine enseignée par les brahmes et en ont rendu l'idée plutôt polythéiste.

Le boudhisme, qui n'est que le développement rationnel du culte brahmaniste comme la révélation de Jésus est le développement du culte hébraïque, est avec la religion de brahma une des plus anciennes du monde. Elle domine dans la Chine, le Japon, la Mongolie, le Thibet et l'île de Ceylan. Le boudhisme compte dans ces divers pays plusieurs centaines de millions de sectaires tandis que la religion chrétienne répandue sur un plus grand nombre de points n'en compte que 240 millions.

L'avènement du boudhisme date du sixième siècle avant J.-C. Boudha s'occupa non seulement à réformer la religion de Brahma, mais surtout les mœurs de son temps. Il proclame, comme Jésus l'a fait plus tard, l'égalité devant Dieu et releva les classes dégradées, par une philosophie admirable et des mieux inspirée. Voici les principaux dogmes de cette religion dont on admirera à côté de fables ridicules la profondeur philosophique. Les mondes sont autant d'astres roulant dans l'espace infini, qui, à l'image des autres êtres, vivent, engendrent et meurent suivant des lois immuables. Notre monde, sorti d'orages terribles par le mélange des atomes, constitue une sorte de principe absolu qui prend des formes innombrables. Chacun jouit de son libre arbitre et après sa mort est puni ou récompensé selon ses œuvres.

Une doctrine aussi abstraite ne pouvait être facilement comprise par le peuple. C'est pourquoi les boudhistes qui avaient besoin de la représentation matérielle d'un Dieu pour y croire et ne le comprenant pas dans la doctrine de Boudha, divinisèrent cet homme qui n'avait jamais prétendu à la divinisation, et qui n'était qu'un profond philosophe et un grand moraliste. La même observation peut, d'ailleurs, s'appliquer à presque toutes les religions.

Les livres sacrés des boudhistes reconnaissent trois mondes:
1° Le monde suprème, principe absolu de justice et de vérité
où les êtres n'ont ni couleur ni forme. 2° Le monde de couleur
et de forme ; c'est la région où les intelligences peuvent parvenir
par la méditation et la pratique du bien. 3° Le monde inférieur
et déchu. Ce monde doit subir des transformations, la durée de
la vie humaine doit y décroître pendant un certain temps, puis,
par le fait de la perfection, elle doit augmenter ensuite.

Le boudhisme, comme le christianisme, a eu ses prophéties
et ses miracles sans lesquels une religion ne peut être consa-
crée. Il a eu également ses martyrs et ses guerres de religions.
La constitution de l'église catholique et les cérémonies de son
culte, offrent une réelle analogie avec le culte boudhiste auquel
elle a emprunté certaines pratiques, ainsi qu'on le verra plus
loin.

Le mahométisme est, comme on le sait, basé sur les révé-
lations contenues dans le Coran. Toute la théologie du législateur
des Arabes se réduit à trois points principaux: Le premier,
c'est d'admettre l'existence de l'unité absolue de Dieu. Le deu-
xième est de croire que Dieu, créateur universel et tout puissant, connaît toutes choses, punit le vice, récompense la vertu
non seulement dans cette vie mais encore après la mort. Le
troisième est de croire que Dieu regardant d'un œil de miséricorde les hommes plongés dans les ténèbres de l'idolâtrie, a
suscité son prophète Mahomet pour leur apprendre les moyens
de parvenir à la récompense des bons, et d'éviter les supplices
des méchants. Il adopta, comme on le voit, une grande partie
des dogmes du christianisme. Il reconnaissait Jésus fils de Marie,
né d'elle, quoique vierge, comme messie, verbe et esprit de
Dieu, mais non pas comme son fils. C'était, suivant lui, mécon-
naître la simplicité de l'être divin que de donner au père un
fils et un esprit autre que lui-même.

Il n'y a point de religion qui ne soit moins favorable au sexe
féminin que le mahométisme. L'auteur de ce culte accorde aux
hommes la permission d'avoir plusieurs femmes, de les battre
quand elles ne voudront pas obéir et de les répudier si elles
viennent à déplaire. En un mot, toutes les lois à l'égard des
femmes sont dures, injustes, très incommodes et sont une
cause perpétuelle de démoralisation.

Nous ne parlerons que pour mémoire du Judaïsme, aujour-
d'hui peu important d'ailleurs et à peu près connu de tous. Avant
l'avènement du Christ, les Juifs, tout en reconnaissant Jéhovah

pour le Dieu suprême, n'avaient qu'une idée très vague de la vie future.

Leur loi religieuse a subi, à diverses époques, certaines variations. La captivité de Babylone introduisit déjà des changements importants, non seulement dans leurs mœurs civiles, mais encore dans leurs coutumes religieuses.

Ils en rapportèrent le dogme de l'immortalité de l'âme et des peines et récompenses éternelles.

Après l'avènement de Jésus, les Juifs commencèrent à entrer dans le mouvement scientifique et s'initièrent à la civilisation grecque et romaine. La religion juive, autrefois si formaliste, admet aujourd'hui des rites contraires à la lettre de la loi.

Nous avons dit plus haut que le christianisme était lui-même partagé en plusieurs églises différentes.

Ces divers changements opérés dans l'église du Christ, n'eurent pas lieu sans de violents conflits, de nombreuses excommunications, et un grand nombre d'anathèmes que se lançaient réciproquement les apôtres des nouvelles sectes.

Le schisme d'Orient, provoqué par Photius, en 858, amena la sépar.tion de l'église grecque de l'église romaine. On sait que l'église grecque diffère de l'église romaine en ce qu'elle nie la suprématie du pape et le dogme par lequel le Saint-Esprit procède du père et du fils.

Luther vint à son tour provoquer un nouveau schisme au seizième siècle en fondant la religion réformée, malgré son excommunication prononcée par le pape Léon X. Il eut bien vite propagé sa nouvelle doctrine et compta bientôt de nombreux adeptes, principalement parmi les souverains et les hauts dignitaires qui voyaient là un moyen radical de se soustraire à l'autorité du pape qui pesait sur eux.

Le protestantisme qui substitue à l'autorité du pape celle de la bible, livre d'un caractère assez élevé, nous le reconnaissons, mais qui contient de nombreuses contradictions causées par la divergence d'écrivains et de philosophes ayant collaboré à sa confection, ne donne ni plus ni moins que les autres religions la clef du grand problème. Cette déduction nous amène à reconnaître que rationnellement l'idée de Dieu se retrouve dans toutes les philosophies religieuses qui sont restées au-dessus de toutes les doctrines et de toutes les traditions ; et dans les morales pures et désintéressées qui ne sont pas voilées par des cultes matériels et grossiers qui, loin d'honorer Dieu et de lui donner le caractère sublime auquel il a droit, le matérialisent et le ravalent au rang de fétiche grossier, autour duquel viennent se grouper la superstition, le fatalisme et le fanatisme.

CHAPITRE IV

L'Eglise et ses Dogmes

Notre but n'est pas, dans cette étude rapide des différentes doctrines religieuses, d'écrire l'histoire de chaque religion. D'abord notre impartialité nous défend d'attaquer ou de critiquer un culte auquel nous n'appartenons pas. Ensuite, le catholicisme étant la religion dominante de la France et celle à laquelle nous avons appartenu, c'est donc elle que nous devons considérer avec le plus d'attention, et étudier avec le plus de soins.

Aucun sentiment de haine ou d'animosité personnelle ne nous guidera dans cette tâche. Notre seul but est d'examiner froidement et rationnellement les principaux dogmes composant la religion catholique, et de rechercher si réellement l'église, qui se dit unique et universelle, a le droit de se parer de ces titres ambitieux.

Nos lecteurs se rappelleront que, dans un précédent chapitre, nous nous sommes déclarés adversaire absolu de tous les cultes extérieurs, quels qu'ils soient. Ce n'est donc pas au profit d'une religion similaire ou pour proner un nouveau culte, que nous nous permettrons de critiquer les dogmes de l'église qui nous paraîtront reposer sur des bases plus ou moins solides.

On verra plus loin que notre système, qui n'a rien de matériel, tend à une conception beaucoup plus vaste et surtout plus morale qu'à la construction de nouveaux temples et à l'édification de nouvelles doctrines.

Nous examinerons succinctement les divers changements apportés à la constitution de l'église depuis sa fondation, ainsi que les principaux dogmes qui y furent progressivement introduits ou supprimés suivant la volonté des papes. Nous commencerons notre examen par le dogme de la création, emprunté par l'église à la Genèse, l'un des livres composant l'ancien testament. Dieu, dit la Genèse, créa la terre, le ciel et l'océan, ainsi que les animaux et les végétaux. Adam fut créé de la terre, le sixième jour de la création. C'est par l'homme que Dieu compléta son œuvre. Il le créa à son image et lui donna pour compagne, Eve, qui avait été formée de la même chair, afin que de leur union naquît une nombreuse postérité qui peuplât la terre.

Cette première partie du dogme n'a rien qui soit réellement critiquable, sauf pourtant que l'église fait remonter la naissance d'Adam à six mille années, quoique la science ait plusieurs fois démontré que l'existence du genre humain datait d'une époque considérablement plus reculée que celle attribuée à la naissance du premier homme. Nous ne sommes pas davantage partisan de ce système qui donne à Dieu un laps de temps défini pour accomplir l'œuvre de la création. Nous aimons mieux croire que Dieu, principe absolu et éternel sur lequel le temps n'a eu et ne peut avoir aucun empire, aurait pu faire en un souffle ce que la Genèse lui fait faire en six jours ; mais que voulant laisser l'univers se constituer lui-même par des lois sages et immuables, qui ont présidées depuis à son essor et à sa conservation, il a pris sous son égide et a façonné à son gré chaque être de la création à mesure qu'ils sortaient du néant pour prendre possesssion de l'universalité.

Mais, revenons au texte des écritures. Dieu, après avoir créé l'homme, lui donna pour compagne un être d'un sexe différent du sien. Pourquoi Dieu a-t-il créé deux sexes différents, demanderons-nous ? On nous répondra que c'est là une question absurde qui ne se pose pas et ne peut se poser puisque la volonté de Dieu était que l'homme pourvut lui-même à la multiplication du genre humain. C'est vrai. Mais alors pourquoi ce qui ne fait pas l'ombre d'un doute pour personne, même pour les intelligences les plus primitives, est-il rejeté par l'église qui se dit universelle? Pourquoi cette religion soi-disant infaillible qui prétend imposer son autorité sur le monde civilisé, prétend-elle nous faire admettre contre toute vraisemblance le dogme par lequel Adam et Ève ont été châtiés et maudits par Dieu pour avoir compris leur véritable mission, et avoir voulu obéir à une de ces lois de la nature qui sont aussi les lois de Dieu? Quelle était leur mission sur la terre où Dieu les avait mis? purement contemplative et par conséquent improductive; exempts de toutes peines et de tout contact vicieux, quel aurait été le mérite de leurs vertus?

Est-ce ainsi que Dieu comprenait l'intelligence, ce reflet de la sagesse divine, qu'il avait mis en l'homme? De quelle manière devait se continuer le genre humain? Autant de problèmes troublants que l'église a voulu résoudre, sans les soumettre au contrôle de la raison.

En maintenant ce dogme, l'église semblerait prouver que Dieu, cette intuition merveilleuse, sachant ce qu'il résulterait de la création du genre humain, n'aurait créé l'homme que pour le maudire.

Mais là ne s'arrête pas l'erreur dans laquelle s'est jetée l'église. Dieu ne se contenta pas de maudire le premier homme, il étendit sa malédiction sur la totalité du genre humain.

Un tel châtiment, qui dépasse déjà les limites de la vraisemblance, lorsqu'il ne frappe que le premier homme, devient monstrueux lorsqu'il atteint l'humanité entière.

Ainsi, ce Dieu que nous aimons à nous représenter sous les aspects les plus nobles et les perfections les plus sublimes, aurait jeté un anathème éternel à l'homme qu'il venait de créer à son image. Il aurait, dans un moment de colère, frappé d'une malédiction qui ne doit disparaître qu'avec le genre humain, la plus belle partie de son œuvre. L'enfant, à son entrée dans la vie, est marqué du sceau du péché et maudit par Dieu. Que l'on ne s'empresse pas de pratiquer sur lui les exorcismes inventés par l'église, et il est destiné aux supplices éternels. Pourtant ce petit être n'avait pas demandé à venir sur terre encourir la malédiction divine, il était dans le néant, il eut pu y rester ; au nom de quelle justice le rend-on responsable d'un crime commis des milliers d'années avant sa naissance. Que penserait-on de la justice humaine si elle nous rendait responsables des crimes commis par nos arrière grands-pères ? Il n'y aurait pas assez de voix dans toute l'étendue du globe pour protester contre une telle iniquité ; cependant ce ne serait que la justice des hommes, justice qui n'est pas infaillible, ni à l'abri des passions humaines, qui peut par conséquent être induite en erreur, ou plus ou moins bien inspirée.

Voilà pourtant ce que l'on attribue à Dieu, cette justice suprème, cette balance admirable qui pèse avec équité toutes les justices humaines et devant laquelle tous les mondes s'inclinent avec admiration. Voilà comment est appréciée par l'église cette bonté sans limite, comment est jugé par les prêtres cet être divin, ce foyer de toutes les perfections, ce miroir de toutes les vertus.

Nous ne nous étendrons pas davantage sur ce dogme absurde ; l'accepter conduirait au scepticisme d'abord, à l'athéisme ensuite. Comment reconnaître, en effet, le Dieu que l'église nous montre sous un jour aussi sombre, n'ayant que des paroles de malédictions contre le genre humain et des passions que l'humanité rejette, condamne.

Comme palliatif à l'aridité de ce dogme, l'église nous dit que

Dieu, touché de la détresse des hommes, qu'il avait maudits, leur envoya un messie qui, par son martyr, devait racheter le genre humain. Ce messie qui fut le Christ est, d'après l'église, né d'une vierge immaculée, fils de Dieu spirituellement et maté riellement.

Pour rassurer la susceptibilité de nos lecteurs, nous devons les prévenir dès maintenant que notre but n'est pas d'amoindrir ni d'altérer en rien la personnalité du Christ, ce grand philosophe, ce moraliste sublime qui rayonnera devant l'éternité des siècles. Cette doctrine admirable qui n'enseigne que la douceur, l'humilité et la charité, vertus à peu près inconnues à l'époque où elles furent enseignées, n'a pu être enfantée par un cerveau complètement humain, surtout à cette époque où la véritable philosophie à peine naissante, n'avait encore eue pour disciples que Socrate et Platon et quelques autres philosophes grecs. Il fallait donc que Jésus eut quelque chose de divin, qu'il eut l'intuition céleste, qu'il fut désigné pour arracher les hommes des ténèbres de l'idolâtrie et de la barbarie dans lesquelles ils étaient plongés ; en un mot, il fallait qu'il fût Dieu, spirituellement parlant, pour accomplir la mission à laquelle il avait voué sa vie.

Mais l'église a-t-elle donné à Jésus une conception qui fut à l'abri de toute critique ?

Après avoir discuté la divinité du Christ dans plusieurs conciles, l'église le reconnaît fils de Dieu en corps et en âme et le fait mourir sur la croix par l'ordre de son père afin de racheter le genre humain.

Une conception plus rationnelle de Jésus, loin d'affaiblir sa divinité, ferait rayonner d'un éclat encore plus grand, la sublimité de sa mission. En proclamant Jésus Dieu, corporellement et spirituellement, elle tend à diviser ce grand tout que, suivant la parole d'un père de l'église « Toute l'étendue des cieux ne peut contenir ».

En le considérant comme fils unique de Dieu, quoique né de la chair, elle matérialise le Dieu suprême qui ne peut avoir rien de matériel. En le faisant mourir sur la croix pour expier la faute du premier homme, elle nous présente le dogme absurde, et ne reposant sur aucun fondement, de Dieu se sacrifiant pour plaire à Dieu.

Le dogme de l'incarnation nous paraîtrait plus rationnel et tout aussi compatible avec la divinité du Christ, s'il nous représentait Jésus comme né selon les lois naturelles de l'union de Joseph et de Marie.

La vie du Christ ne nous apparaîtrait que plus admirable, si étant né homme et par conséquent sous l'empire des mêmes vices et des mêmes passions que ses semblables, il n'eut eu que sa volonté, son intuition céleste, l'élévation de son âme, pour enseigner sa morale et faire triompher sa doctrine. En effet quel mérite attribuer aux vertus d'un Dieu, mis à l'abri, dès sa naissance, du contact du vice et des difficultés de la vie.

L'évangile reste muet sur la première partie de la vie du Christ. A part l'épisode où il est raconté que Jésus enseignait déjà dans le temple à l'âge de 12 ans, les trente premières années de sa vie restent dans l'ombre. N'est-ce pas là une preuve de la matérialité de Jésus? Comme tous les grands philosophes, le Christ a passé la première partie de sa vie à méditer et n'a été vraiment suscité par Dieu que lorsque son âme complètement divinisée par l'étude et la pratique des grandes vertus humaines a été apte à lancer à travers le monde cette doctrine admirable qui ne disparaîtra jamais.

La simple raison nous dit que le Christ, ce sage entre tous les sages, avait sacrifié son existence et sa vie, non pour le rachat d'un crime qui n'a jamais existé, mais pour apprendre aux hommes ce qu'étaient les véritables vertus et leur faire entrevoir l'horreur du vice; comment admettre un seul instant que Dieu ait voulu effacer dans le sang de son fils la faute du premier homme? Ce sacrifice aurait d'ailleurs été inutile puisque nous continuons à naître marqué du péché d'Adam; quelle est donc cette terrible dette qui n'a pú être payée par le martyr d'un Dieu?

Dans l'accomplissement de sa noble tâche, Jésus comme beaucoup d'apôtres de la civilisation, devait avoir pour ennemis les autocrates ambitieux et les faux prêtres qui ne rendent un culte divin qu'à l'or. Les mots de liberté et de fraternité qui furent définis pour la première fois par Jésus, ne pouvaient convenir aux despotes qui n'imposaient leur autorité qu'en répandant le sang de leurs frères et en opprimant les petits. Il fut la première victime de ses généreuses inspirations. Il succomba, mais ne fut point vaincu; par sa doctrine victorieuse, le socialisme le plus pur était fondé et la barbarie sapée par sa base, était condamnée à disparaître à jamais.

La véritable mission du Christ ainsi définie et sa personnalité ainsi comprise, couvrent le front du martyr d'une auréole encore plus éclatante. C'est comme homme qu'il est né, comme un sage qu'il a vécu, comme un apôtre qu'il a lutté pour l'émancipation de ses frères et qu'il a souffert son martyr.

Cette nouvelle conception du Christ le rend-elle moins grand, moins divin, n'est-il pas quand même l'égal de Dieu, puisqu'il en a été le reflet ? Il n'en demeure pas moins immortel, puisque après bientôt deux mille ans, sa doctrine rayonne toujours aussi pure et aussi sublime.

La doctrine de Jésus, contenue dans les évangiles, était forcément présentée sous une forme allégorique. Il fallait, pour frapper les esprits primitifs de ce temps, que les faits leur fussent exposés sous des formes matérielles. C'est ce qui explique les diverses vicissitudes et les fausses interprétations données au christianisme depuis son apparition. Le sens caché des évangiles échappant aux premiers fondateurs de l'église, ils divinisèrent Jésus, qui, ainsi que beaucoup d'autres prophètes de l'antiquité qui furent également divinisés, n'avait jamais eu la prétention de passer pour le Dieu, dont il enseignait les vertus.

Si nous jetons un coup d'œil sur la constitution de l'église depuis sa fondation, nous voyons que la plupart de ses dogmes et de ses fêtes, n'y ont été introduits que progressivement, selon la volonté des papes ou les décisions, souvent contradictoires, de certains conciles.

La fête de la circoncision, sur la nature de laquelle nous ne voulons pas insister, et dont la célébration constitue une véritable insulte adressée à Jésus, a été instituée au quatrième siècle et ne fut introduite en France qu'en 1550.

Le qualificatif de Mère de Dieu n'a été accordé à Marie par le concile d'Ephèse qu'en 431. La fête de Saint-Joseph a été instituée par Sixte IV en 1480. La fête du Saint-Sacrement par Urbain IV en 1261. Le symbole des apôtres par Silvestre I en 330.

L'aspersion de l'eau bénite date de l'année 682. La Toussaint a été instituée par Grégoire IV en 833 et l'Immaculée-Conception en 1870.

Le mariage des prêtres a été supprimé par Etienne IX en 1507.

Le dogme de la résurrection de la chair et la légende des supplices éternels ont été empruntés au magisme, doctrine de Zooroastre, et religion de la Perse ancienne.

Si nous considérons la prétendue infaillibilité des papes, nous verrons que si plusieurs d'entre eux furent de véritables apôtres, beaucoup d'autres ne furent que des démons ; contraste assez étrange dans une secte réputée infaillible. C'est à cette infaillibilité que l'on doit la condamnation comme hérétique, de Jeanne d'Arc, cette véritable vierge que l'église s'apprête à canoniser après l'avoir brûlée.

Au point de vue rituel, nous retrouvons dans l'église catholique, le feu sacré en honneur dans toutes les religions du paganisme. L'organisation ecclésiastique ne diffère que très peu de celle des prêtres de Boudha. L'église a encore emprunté à ce culte la vénération des reliques, l'emploi du rosaire et des cloches.

En résumé, que reste-t-il de cette église universelle qui prétend imposer sa suprématie sur le monde civilisé? Cette religion, qui n'est composée que de dogmes incompréhensibles et de rites disparates empruntés à toutes les doctrines et à tous les cultes, a-t-elle réellement le droit de se poser en souveraine, et de se représenter comme détenant le véritable culte de Dieu? Il est permis d'en douter.

L'église comprend très bien d'ailleurs que son édifice si laborieusement édifié, menace de s'écrouler sous les assauts que lui livrent depuis quelques années, l'intelligence et la raison ; de là ses cris de rage. Elle ne peut plus, comme jadis, traiter ceux qu'elle appelle impies par l'anathème, les persécutions ou le bûcher. Si l'index existe toujours, il est maintenant tout platonique et sert plutôt les intérêts de ceux qu'il frappe, que ceux de l'église.

Le catholicisme pourrait peut-être retarder sa chûte, si loyalement il reconnaissait la fausse voie dans laquelle il s'est engagé ; si en retranchant ses dogmes ridicules et ses rites inutiles, il se ralliait franchement au véritable culte de Dieu qui ne comporte aucun rite, ni aucune cérémonie extérieure. Mais l'église, embourbée dans ses faux préjugés, ne se résoudra jamais à sacrifier ce qui a fait sa force pendant près de deux mille ans.

Elle ne se résoudra jamais à adopter la véritable doctrine du Christ.

Ayant toujours maintenu son autorité par la crainte, le despotisme et la puissance de l'or, elle ne saurait transiger avec ses idées intolérantes qui ne feront qu'activer sa fin et précipiter son écroulement.

CHAPITRE V

L'Enfer et les Supplices éternels

Pour terminer notre rapide examen des principaux dogmes composant le catholicisme, nous dirons quelques mots de cette trinité sinistre qui comprend : Satan, l'enfer et les peines éternelles.

Satan, ce mythe fabuleux, l'enfer, ce séjour ténébreux qui n'existe que dans la mythologie, le dogme des peines éternelles, cette suprême insulte à la bonté divine, constituent ce fameux épouvantail avec lequel l'église a su maintenir son prestige et son autorité jusqu'à ce jour.

Avec une audace et une forfanterie qui ne s'est jamais ralentie, l'église, non contente de nous représenter Dieu comme poursuivant le genre humain de sa haine éternelle, lui donne pour comparse un démon, à qui elle donne, dans beaucoup de cas, plus de puissance qu'au créateur. Cet être malfaisant aurait pour mission de recruter sur la terre le plus grand nombre d'âmes qu'il lui est possible, pour les précipiter ensuite dans l'enfer, où, pour achever de nous terroriser, l'église nous promet des supplices horribles et éternels.

Comme pour la plupart de ses dogmes, l'église n'a fait que copier dans les religions anciennes, l'invention de Satan. Toutes les religions ont admis ce dualisme : on le retrouve aussi bien dans la doctrine de Zoroastre, que dans la bible et le coran. La conception de Satan demeure à peu près la même dans toutes les religions : c'est le génie du mal ayant sous ses ordres des esprits inférieurs, dont les attributs varient avec l'imagination capricieuse des prophètes : ce sont les diables ou démons, les lutins, les gnomes, les fées, les farfadets, etc. On prêtait à Satan la faculté de prendre toutes les formes pour séduire les âmes, ce qui matérialisait, en quelque sorte, tous les vices auxquels l'homme peut se laisser entraîner. Ces conceptions qui convenaient aux intelligences primitives des peuples ignorants et superstitieux de l'antiquité, deviennent de la bouffonnerie dans les temps modernes.

La philosophie rationnelle a depuis longtemps rayé de l'univers cet être infernal dont la fonction est de démolir l'œuvre de Dieu ; seule, l'église avec la déraison qui lui est coutumière, persiste à maintenir le diable sur son trône, car elle comprend que la chûte de Satan entraînera la sienne.

Nous n'apprendrons à personne que l'enfer était connu des anciens avant l'avènement du Christ. Toutes les religions ont eu et ont encore leur enfer comme ils ont leurs démons. Les Hébreux concevaient un séjour ténébreux dans les entrailles de la terre où les âmes descendaient. Suivant la religion juive, les méchants iront en enfer, ceux qui n'auront pas été tout-à-fait justes y descendront avec leur corps, mais leur supplice ne sera pas éternel ; on retrouve dans ce dogme l'idée du purgatoire.

Nous ne parlerons pas des enfers composant l'empire de Pluton, qui est longuement décrit dans la mythologie grecque.

Les Hindous admettent l'existence de l'enfer où préside Yuma, dieu de la mort. Les Chinois admettent le dogme des peines et récompenses, mais les peines ne consistent que dans la privation des plaisirs éternels qui sont réservés aux justes. Les Japonais ajoutent pour les méchants une sorte de supplice de Tantale. Les indiens de l'Amérique du Nord n'imaginent dans l'autre vie que des danses, des divertissements et des combats.

On le voit, chaque peuple a fait de l'enfer, une conception qui fut en rapport avec ses goûts et ses anciennes traditions, beaucoup en ont atténué les rigueurs devant lesquelles leur civilisation pourtant encore imparfaite reculait. L'église n'a rien changé au dogme qui lui assure sa puissance : le paradis pour ceux qui admettront ses dogmes et les pratiqueront, les supplices éternels pour ceux qui les rejetteront.

Jusqu'au seizième siècle, l'église qui, pourtant, devait déjà posséder l'infaillibilité, a prétendu que la terre était immobile et occupait le centre de l'univers, dont le haut était le ciel et le bas les enfers. Galilée vint détruire cette conception de l'univers en affirmant que la terre exécutait un mouvement de rotation autour du soleil, et en remplaçant les enfers par les antipodes. L'église, furieuse de ne plus avoir sous la main ou plutôt sous les pieds, cet enfer qui faisait sa force, traduisit celui qu'elle regardait comme hérétique devant le tribunal de l'inquisition, où il fut condamné en 1632 à la détention perpétuelle et dut abjurer ses prétendues erreurs ; ce ne fut qu'en 1835 que l'église, comprenant enfin tout ce que son entêtement avait dé grotesque, se rangeât à l'avis de la science, en levant l'index dont elle avait frappé les ouvrages de Galilée, expliquant le mouvement de la terre.

La fausseté du dogme admettant l'existence de Satan et des peines éternelles, apparaît dès que l'on envisage l'œuvre du créateur. Quelle puissance, même infernale, peut contrebalancer celle de l'auteur de cet univers insondable, de ces myriades de soleils, de cette infinité de mondes qui peuplent l'immensité? Comment admettre que ce Dieu qui a voulu que l'homme fut sa plus belle conception, et dans lequel il a mis toutes les perfections qu'un être humain peut avoir, ait laissé subsister une divinité malfaisante dont la mission fut de perdre l'homme et de le rejeter dans le néant?

On nous répondra que Satan n'est pas une création de Dieu, mais qu'il est le résultat du vice qui s'est emparé des hommes dès leur apparition. Cette assertion ne modifie en rien l'absurdité du dogme : Dieu qui est l'intuition même, n'aurait pas permis que la bonne harmonie de l'univers qu'il venait de créer fut troublée par l'œuvre dévastatrice de Satan. Pour admettre ce dogme, il faudrait supposer que Dieu n'a créé le monde que pour se repaître de ses souffrances et de ses luttes contre l'esprit malin. Une telle iniquité ne peut être attribuée à l'être suprême, quand la raison nous crie que sa sagesse ne peut être définie et que sa bonté n'a pas de limite.

Il nous paraît superflu de démontrer l'atrocité du dogme des peines éternelles. Pour être convaincu, il suffit de considérer ce que nous sommes devant Dieu.

Nous savons que la terre n'est qu'un atome imperceptible dans l'univers. L'homme n'est lui-même qu'un grain de poussière pensante sur cet atome, quel est-il devant le créateur de tous ces mondes, de tous ces astres évoluant dans l'espace ? Que devenons-nous devant cette grandeur que l'on ne peut mesurer, cette immensité sans limite, cette majesté suprême ?

La justice des hommes frappe-t-elle les enfants n'ayant pas encore l'âge de raison et agissant sans discernement ? Non ! Frappe-t-elle les déments et les irresponsables ? Non ! L'homme de génie pour lequel toutes les branches de la science n'ont plus de secrets, songe-t-il à châtier pour la vie un de ces jeunes enfants qui, dans un moment de faiblesse ou d'ignorance, l'aura gravement offensé ? Non, toujours non !

Voilà pourtant un très faible aperçu de notre situation devant Dieu. Nous disons très faible, car la justice humaine n'est pas supérieure aux hommes, puisqu'elle est faite par eux ; fils de savants ou d'ignorants, nous sommes tous du même sang et de la même chair ; tout est de la même nature sur terre, rien n'est infini et rien ne saurait être comparé à Dieu.

L'homme possédant un cœur généreux, écrase-t-il sous son talon l'insecte inoffensif qu'il rencontre sur son chemin ? Ne défendons-nous pas le roitelet contre les attaques des oiseaux de proie ? Ne sommes-nous pas tous d'accord pour flétrir le lâche qui s'attaque aux petits ?

Demandez à une mère si elle ne sacrifierait pas sa vie avec joie pour assurer le bonheur de son enfant, fût-il un monstre d'ingratitude, fût-il un criminel même, ne serait-ce pas toujours une parole de miséricorde qu'elle aurait pour lui ?

Et cependant l'amour maternel n'est qu'un léger reflet de l'amour que Dieu a pour nous. Chacun ici-bas trouve grâce devant lui ; il veut que tous ses enfants, sans en excepter un seul, aient droit à la récompense qui les attend, lorsqu'ils se seront dégagés de leur enveloppe matérielle. Il sait qu'un être fini ne saurait offenser mortellement un être infini. Si le châtiment suit l'offense, il est proportionné à la grandeur de la faute et ne saurait être éternel. La fauvette n'habite pas dans l'antre du vautour, de même l'enfer ne saurait exister dans l'univers qui n'est composé que de merveilles.

En prêtant à Dieu une justice aveugle, implacable et cruelle, l'église a concouru à la plus grande œuvre de démoralisation que l'humanité ait jamais vue.

A l'avènement du christianisme, la majorité des peuples s'était jetée sur cette nouvelle doctrine qui donnait la clef des problèmes sociaux et régénérait la société.

Si l'église n'avait pas donné une fausse interprétation à l'évangile, en y cherchant un tout autre sens que celui qui s'y trouvait, le christianisme en devenant la religion universelle aurait ramené l'union entre toutes les races en leur apprenant qu'ils sont tous nés du même sang, et aurait fait avancer à pas de géant ce progrès qui semble nous abandonner. Mais une aussi belle œuvre ne pouvait convenir à l'église. Pour elle, le christianisme n'était pas une doctrine d'apaisement, ni le flambeau de la civilisation ; c'était l'objet de sa spéculation, l'aliment de sa cupidité et le foyer de ses haines. Ce n'était que par la discorde existant entre les hommes, qu'elle pouvait maintenir son intégrité, ce n'était que par la terreur qu'elle pouvait imposer ses dogmes absurdes, et par l'hypocrisie s'implanter chez les nations civilisées. Elle prétendait enseigner la doctrine du Christ, où les mots : liberté, égalité, fraternité, y sont écrits en lettres de feu ; en jetant l'anathème à ceux qui osaient la regarder en face, en envoyant au bûcher ceux qui faisaient mine de lui résister, en favorisant l'esclavage et en opprimant les petits, en accordant aux seigneurs, moyennant un peu d'or, des privilèges qui leur donnaient en quelque sorte le droit de vie ou de mort sur leurs sujets.

Avec de tels procédés, l'église devait fatalement conduire le genre humain à sa perte. La doctrine du Christ destinée à relever l'humanité et à lui inculquer l'amour de l'honneur et du devoir, a marché contre son but en avilissant l'homme, en lui faisant pratiquer les vices les plus odieux sous les apparences des vertus les plus nobles. L'homme, d'abord persuadé que l'église était réellement unique et universelle, avait admis ses dogmes et pratiqué sa doctrine. Aux cris de protestation de sa conscience écœurée, à la vue du monceau d'hypocrisies et de mensonges dont elle couvrait le nom de Dieu, il demeurait inébranlable, tant la crainte de l'esprit malin, dont l'église ne manquait pas une occasion d'étaler la puissance et de montrer les dangers, était entrée dans son cœur.

Pourtant l'église avait trop présumé de ses forces.

Le souffle de liberté qui traversa l'Europe au dix-huitième siècle fit chanceler l'église sur sa base, en abolissant l'esclavage, en posant les premiers principes de l'unification des classes.

L'homme se révolta enfin contre cette église qui ne lui montrait qu'un Dieu bourré d'attributs plutôt bizarres, et constamment irrité contre ses enfants.

Ce Dieu qui n'inspirait que la terreur, et que par antithèse, sans doute, l'église continuait d'appeler le bon Dieu, ne pouvait plus convenir à l'homme que l'évolution du progrès portait vers de plus hautes aspirations. Le matérialisme et l'athéisme firent des progrès effrayants sans résoudre en aucune façon les grands problèmes, ni développer aucune vertu. Beaucoup préférèrent pourtant cette doctrine du néant, au cercle étroit et despotique dans lequel l'église emprisonnait ses fidèles. La science qui ne pouvait parler que lorsque l'église le lui permettait, secoua bientôt le joug qui pesait sur elle, et fit entendre sa voix pour expliquer d'après le raisonnement, l'expérience et la démonstration, les phénomènes célestes dont l'étude était défendue par l'église pour des raisons tout-à-fait intéressées. La suprématie de l'église était perdue. Sa puissance venait de s'écrouler comme un château de cartes, l'agonie dans laquelle elle se débat convulsivement commençait.

Son universalité ne l'a pas sauvée du désastre, sa prétendue infaillibilité ne l'a pas détournée de la fausse voie dans laquelle elle s'est engagée ; elle ne lui a pas fait prévoir sa chûte finale au fond du gouffre qu'elle s'est creusé elle-même pendant dix-neuf siècles.

Il ne lui reste plus qu'à s'avouer vaincue, et à méditer si elle a réellement travaillé pour le salut des âmes ou pour cet enfer hypothétique qui, après avoir été le principal instrument de sa puissance, est devenu la principale cause de sa déroute et de son écrasement.

CHAPITRE VI

Le Vrai Culte

Ceux qui nous feront l'honneur de nous critiquer, nous feront le reproche de détruire toutes les religions sans en rétablir une seule : rien n'est cependant plus faux. Dans cette étude rapide, nous n'avons jamais eu la pensée de jeter Dieu en bas de son trône ; notre but est, au contraire, de le faire rayonner d'un éclat encore plus sublime et plus divin. Nous ajouterons que tout en souhaitant voir disparaître tous les cultes extérieurs et grossiers, nous respectons les croyances de chacun quand elles ne sont pas le résultat d'un fanatisme aveugle ou d'une mauvaise foi évidente. Dieu ne prend pas garde à la forme employée pour l'honorer ; il ne juge que le degré de sincérité des sentiments qui lui sont exprimés. Les manifestations extérieures le laissent insensible, ce ne sont pas les génuflexions multipliées ni les pratiques empreintes d'une humilité plate qui lui sont agréables, ce sont les manifestations intérieures de l'âme que lui seul voit, qui sont acceptées ou repoussées selon le verdict suprême du grand justicier.

La religion appelée à devenir universelle, la religion qui s'impose, celle qui peut seule régénérer l'humanité et la sauver du désastre auquel elle est menacée ; celle qui ne peut se déformer ni s'altérer par le contact de l'or ou des passions, est la religion naturelle basée sur le rationalisme le plus pur et l'indépendance la plus complète de l'intelligence ; pour nous définir, la religion rationnelle a pour église l'âme, pour autel le cœur, pour prêtre la conscience et pour missel le grand livre de la nature qui ne refuse jamais ses enseignements.

L'étude des différentes doctrines religieuses est forcément abstraite, l'idée de Dieu qui se dégage plus ou moins, de chacune d'elles, ne l'est en aucune façon.

Ce n'est pas l'étude qui nous a démontré l'existence de Dieu, c'est l'intuition qui nous le crie. Lorsque, dès nos premiers âges, on nous a parlé du créateur, avons-nous manifesté le moindre étonnement ? avons-nous jamais eu la pensée de demander ce qu'est Dieu et pourquoi il existe ? C'est que notre jeune intelligence nous forçait déjà d'admettre que nous étions venus sur la terre par une volonté supérieure à la volonté humaine ; c'est que nous avions compris dès notre premier souffle que les merveilles qui s'étalaient devant nos premiers regards étaient l'œuvre d'un être immense et surnaturel.

L'intuition qui n'est autre chose que le lien mystérieux qui nous rattache à la divinité, nous prend au berceau et ne nous quitte qu'au tombeau.

Ce qui est admis aussi facilement par l'enfant dont l'intelligence et la raison sont encore endormies, peut-il faire l'ombre d'un doute pour l'homme dans toute la plénitude de ses facultés? Avons-nous besoin de dissertations inutiles ou de théories erronées pour résoudre le problème divin? Avons-nous besoin de l'éloquence rétribuée d'un prêtre, d'une multitude d'arguments plus ou moins irréfutables, de doctrines plus ou moins vraies, pour nous démontrer ce que nous crie cette voix de l'âme qui est la conscience, ce que nous montre ce guide sûr et immuable qui se nomme la raison.

L'existence de Dieu démontrée par la raison dans toute la plénitude de son indépendance, constitue le premier principe de la religion naturelle. Il nous reste à examiner comment l'homme peut, à l'aide de ses seules lumières, donner au créateur les attributs qui lui sont propres et lui rendre le culte qui lui est dû.

Résumons d'abord chacun des principaux attributs de Dieu.

Dieu est l'intelligence même. Pour nous convaincre de l'intelligence divine, la raison nous montre le spectacle de la nature et de l'ordre plein d'harmonie, que chacun de nous y découvre. Des ouvrages faits avec tant d'art révèlent une cause intelligente et ne peuvent qu'être le fruit d'une intelligence suprême. L'idée de l'intelligence est nécessairement contenue dans celle de la perfection. On ne pouvait concevoir un être parfait sans l'attribut de la pensée. Toutes les vertus éternelles existent substantiellement en lui ; elles sont sa propre essence, il en voit la nature, les lois l'enchaînent par une vue permanente et infinie.

Dieu étant infini, toutes ses perfections sont également infinies, son amour pour nous n'a donc, par conséquent, pas de limites. Lacordaire a dit que l'amour « est l'acte suprême de l'âme, le chef-d'œuvre de l'homme ». Si l'homme sait aimer, si l'amour est une des perfections qui s'imprègnent le plus facilement dans l'âme, que devons-nous penser de cet amour divin qui embrase tous les êtres de la création. En nous rappelant que nous sommes son ouvrage, qu'il nous a créés à son image et qu'il a mis en nous le reflet de toutes ses perfections, nous serons forcés de convenir qu'il ne peut exister de preuves plus tangibles et plus éclatantes de l'amour divin.

La sagesse divine n'a pas à être démontrée. Elle se démontre à priori, dit Clark, car elle n'est que la perfection même de l'intelligence. Les arguments tirés de la perfection exquise et de l'ordre admirable qui règne dans tous les ouvrages forment une démonstration suffisante pour attester une perfection de Dieu qui ne saurait être contestée.

Que dire de la puissance du créateur ? Peut-on définir la puissance d'un être incréé à qui tout obéit non à la parole, mais à la pensée, d'un être qui n'existe pas par la suite d'une cause ou d'une puissance supérieure à la sienne, mais de lui-même et de sa propre volonté ?

Peut-on contester une puissance qui a créé cet univers incommensurable, cette infinité de mondes sideraux, cette immensité dont la profondeur insondable ne dit plus rien à notre esprit ?

La bonté de Dieu se reconnaît dans chacune de ses œuvres, c'est une des perfections les plus sublimes du créateur, et c'est celle que la raison nous montre avec le plus de clarté. Dieu est bon parce qu'il a voulu que les hommes qu'il a créés se rapprochent le plus possible de son image. Dieu est bon parce qu'il nous couvre constamment de sa protection divine, même lorsque nous ne le lui demandons pas. Dieu est bon parce qu'il nous aime, qu'il veut nous arracher malgré nous à la suggestion du mal. Aristote a dit : « Dieu, c'est le bien, et le bien réel, la bonté, l'amour ». Platon et d'autres grands philosophes ont fait de la bonté divine le premier motif et la cause finale de la création du monde.

Enfin, pour terminer ce court résumé des attributs de l'être divin, nous ne craindrons pas d'affirmer qu'un Dieu possédant de telles perfections, doit posséder une justice souveraine, sévère quelquefois, toujours juste et équitable, jamais implacable.

Les doctrines et les théologies religieuses nous sont tout aussi inutiles pour apprendre à servir Dieu que pour apprendre à le connaître ; connaissant ses perfections, notre devoir est tout tracé et peut se résumer ainsi : l'adorer et l'honorer toujours, l'implorer quelquefois et faire tout ce qui lui est agréable, éviter tout ce qui lui déplaît.

Adorer Dieu, c'est reconnaître sa toute puissance, sa majesté suprême, son immensité sans bornes ; l'aimer, c'est reconnaître sa bonté, comprendre son amour pour nous et lui offrir toutes nos actions. L'adoration ne se doit qu'à l'être suprême, après lequel aucune puissance, aucune divinité ne peut subsister.

Le propre d'un peuple qui se dit civilisé est cette fierté naturelle que chaque homme possède, et qui ne lui fait courber le front que devant Dieu. L'humanité s'ennoblit en s'élevant vers Dieu, elle se dégrade en s'abaissant vers l'homme.

L'adoration est donc un élan de l'âme qui, se dégageant des entraves importunes de la matière, cherche à remonter vers la perfection qui est dans sa nature et qui lui est propre.

Chaque peuple adore son créateur selon sa foi, ses croyances et sa religion, en réalité, chacun devrait l'adorer selon le cri de sa conscience. Il est triste à dire que cette noble manifestation de l'âme qui élève l'homme au-dessus de tout ce qui est matériel, qui l'épure, le fortifie, le divinise en quelque sorte, n'est pas à l'abri du contact hideux de l'hypocrisie et des passions humaines. Beaucoup de soi-disant apôtres oublient qu'ils sont hommes en adorant Dieu, et s'inclinent plutôt devant leur propre génie que devant celui de leur créateur.

D'autres rendent hommage à l'être suprème, non pour reconnaître sa divinité, mais pour lui savoir gré de la situation supérieure qu'ils occupent, ou pour le remercier avec une fausse reconnaissance de leur avoir donné une existence luxueuse que, très souvent, ils n'ont pas méritée. Enfin, pour le plus grand nombre, cette adoration ne consiste qu'en pratiques serviles et matérielles, dans lesquelles l'âme n'est absolument pour rien et qui n'ont d'autre but que l'affectation de sentiments élevés que le pratiquant est généralement loin de posséder.

Adorer Dieu ne signifie pas réciter une foule d'oraisons apprises par cœur, ni se courber devant un prêtre, que le fanatisme et l'ignorance font le plus souvent confondre avec la véritable divinité.

Rendre hommage au créateur n'est pas se prosterner devant une statue ou se livrer au milieu d'un temple à des contorsions plates et ridicules. Si Dieu veut que l'homme lui soit soumis, il ne lui commande pas pour cela la platitude et la servilité ; les démonstrations extérieures et les expiations chères aux faux dévots, n'ont aucun mérite pour lui ; il ne veut rien de matériel ni d'affecté. L'acte d'adoration du vrai croyant ne doit être connu que de lui seul ; s'il en est autrement, c'est que l'orgueil a pénétré dans son cœur et qu'il veut se rehausser aux yeux de ses semblables qu'il considère comme impies quand, le plus souvent, ils sont plus croyants que lui. Une seule parole dictée par le cœur en dit plus à Dieu qu'une litanie interminable, psalmodiée par des lèvres indifférentes.

Ne forcez pas votre âme, ne lui imposez pas de vaines formules d'oraison; elle saura dire dans son langage muet plus que votre imagination mise à la torture ne saurait trouver.

Après avoir reconnu la puissance de Dieu et lui avoir rendu l'hommage qui lui est dû, nous pouvons l'implorer par la prière, ici encore, le vrai coudoie le faux. Prier Dieu n'est pas le harceler de demandes continuelles et importunes comme le font les hôtes assidus des édifices religieux, qui font payer de cette manière au créateur le faux culte qu'ils lui rendent.

Dieu sait que l'homme est un être faillible, c'est pourquoi il est toujours prêt à le relever de sa chûte, mais il exige de lui un acte de soumission. Il veut que de temps en temps, l'homme se souvienne qu'il n'est sur la terre que pour connaître son créateur et pratiquer ses vertus; il veut surtout que ses enfants lui témoignent leur gratitude quand ils sentiront les effets de ses bienfaits et qu'ils s'adressent à lui lorsqu'ils se trouvent dans l'affliction.

Mais l'homme, sans prétendre pouvoir se passer de l'être divin sans lequel il ne peut rien faire, doit comprendre que pour être aidé, il faut qu'il commence par s'aider lui-même. Si Dieu l'a fait le roi de la création, ce n'est pas pour lui faire jouer un rôle platonique et de second ordre, mais pour qu'il sache développer et faire fructifier lui-même cette intelligence qui orne son cerveau. Dieu le guide dans cette tâche et lui montre sa voie quand il l'a perdue; mais l'homme n'aura de mérite qu'autant qu'il aura combattu pour le bien de l'humanité et surmonté avec succès les difficultés de la vie.

Quand un élan de votre âme vous portera irrésistiblement vers Dieu; quand à l'apogée de votre bonheur, vous éprouverez le besoin de le remercier des bienfaits dont il vous a comblés; dans vos afflictions lorsque désespérés vous élevez vers lui vos bras suppliants, ne cherchez pas dans un paroissien les vagues formules de prières qui vous sont imposées. Ne vous précipitez pas dans un sanctuaire pour vous mettre à la disposition d'un prêtre qui ne voudra vous comprendre que s'il voit reluire de l'or à ses regards. Ce n'est pas les quelques sous que vous laisseriez tomber dans un tronc pour être ensuite distribués entre de plus riches que vous qui constituent une action agréable à Dieu, ni les feux des cierges qui brûlent aux pieds des statues ou d'autres emblèmes frisant l'idolatrie. Le feu qu'il aime, c'est le feu de votre amour pour lui qui doit constamment embraser votre âme. Il n'est pas besoin de longues phrases pour dire à Dieu que vous l'adorez; pensez simplement combien il est grand, combien vous êtes petits, il sera satisfait; pour le remercier d'une grâce obtenue, dites-lui combien vous êtes indignes d'être secourus par lui, ce sera assez; pour l'implorer, reconnaissez que sans son aide vous êtes perdus, il n'en demande pas davantage.

Pour plaire à Dieu, il suffit de connaître ses vertus et de les pratiquer, nous savons qu'il est juste et bon, soyons de même; aimons le bien, fuyons le mal.

Qu'est-ce que le mal, est-ce un génie occulte qui ne se plaît qu'à détruire l'œuvre de Dieu? Est-ce l'ennemi éternel du bien qui poursuit sans cesse l'homme de sa haine? Est-ce la divinité infernale reconnue par l'église? Rien de tout cela.

La question de l'origine du mal remonte à l'origine de la philosophie. Elle fit imaginer chez certains peuples de l'Orient le système des deux principes, l'un bon, l'autre mauvais; l'un principe du bien, l'autre, principe du mal. Le dualisme constituait le fond de la philosophie et de la religion en Perse, en Chaldée, en Egypte et d'autres nations voisines; les Manicheens le reproduisaient dans les premiers siècles du christianisme.

Le problème du mal fut l'objet des préoccupations des philosophes grecs; plusieurs cherchèrent à expliquer son origine par la fatalité, en s'appuyant sur des systèmes contestables qui n'eurent d'autres résultats que de créer l'optimisme et le pessimisme.

En réalité, le mal n'est pas une personnalité occulte ni une cause fatale: le mal n'est que l'absence du bien comme l'obscurité est l'absence de la lumière, comme le malheur est l'absence du bonheur. Le mal, si nous pouvons nous exprimer ainsi, est l'absence du devoir, il n'a et ne peut donc avoir aucun empire sur l'homme dans lequel ce sentiment est fortement imprégné, mais ce dernier est parfois bien incompris et bien mal interprété. Le devoir a été défini, enseigné par tous les philosophes du monde et il demeure encore insuffisamment compris.

Le devoir ne commande pas seulement à l'homme de reconnaître son Dieu et de le servir, il lui impose encore une foule d'obligations envers lui-même et envers ses semblables. Il est la règle absolue devant laquelle tout homme devrait se courber, où devrait s'arrêter toutes les autres considérations; mais généralement le devoir est sacrifié à l'ambition et à la vengeance, ou arrangé selon les besoins de la vie, de sorte que, très souvent, il n'est plus qu'un fantôme de ce qu'il devrait être.

Nos adversaires nous reprocheront de laisser subsister dans notre système, des lacunes sans les combler, ils nous demanderont par quelle doctrine nous remplacerons celle contenue dans l'ancien et le nouveau testament; et si en supprimant le dogme des peines éternelles, nous voulons prétendre que Dieu ne punit jamais, ils nous demanderont encore quelle idée nous avons de la vie future à laquelle nous n'avons fait aucune allusion.

Nous pourrions répondre à nos adversaires qu'il serait préférable pour nous de ne donner aucune idée de la création que de la donner aussi fausse et aussi ridicule que celle donnée par la Genèse ; nous pourrions encore ajouter que le dogme de la création n'est d'aucune utilité dans un culte quel qu'il soit.

Il ne nous est pas nécessaire de connaître les procédés employés par Dieu pour créer l'univers ; quelle que soit la manière dont nous sommes sortis du néant, la puissance et la sagesse divine n'en demeurent-elles pas toujours infinies ?

Pourquoi donner à cet événement une date fausse ou du moins impossible à préciser ?

Mais pour ôter à nos adversaires l'idée de nous accuser de reculer devant une question aussi abstraite que celle de la création, nous leur rappellerons que la science a expliqué depuis longtemps avec plus d'exactitude et de vraisemblance que ne l'a fait l'ancien testament, la genèse de l'univers. Il est vrai que les démonstrations claires et précises de la science ne sauraient convenir à l'église dont tous les dogmes sont d'une obscurité complète. Elle reproche surtout à la science de favoriser l'athéisme par ses définitions trop matérialistes et son indépendance trop absolue.

Rien n'est plus faux : si la science en ramenant les choses sous leur véritable jour, a froissé quelque susceptibilité, supprimé l'idéal et détruit certaines traditions, elle ne l'a fait que pour le triomphe de la vérité ; elle n'a fait que donner l'explication rationnelle des lois qui régissent l'univers, sans toucher en aucune façon au législateur. Le nom de Dieu demeure intact au-dessus de toutes les combinaisons de la science.

Au second reproche qui nous sera adressé, nous répondrons que supprimer les peines éternelles n'est pas supprimer la justice divine, mais au contraire lui donner une conception plus haute et plus sensée. Nous n'avons jamais eu la prétention d'affirmer que Dieu ne nous punit pas des fautes dont nous nous rendons coupables envers lui. Mais, infliger une punition pour une faute passagère n'est pas châtier pour l'éternité, c'est cette dernière partie du dogme qui, en dénaturant la justice divine, la rendait odieuse, qu'il fallait supprimer.

Nous avons démontré plus haut l'atrocité du dogme des peines éternelles, nous n'avons donc plus à y revenir ; mais nous devons ajouter, pour protester une dernière fois contre cette hypothèse absurde, que personne parmi nous, sauf de rares exceptions, n'offense Dieu pour le plaisir de l'offenser. Nos péchés ont toujours pour cause des passions impures ou des moments de lâche faiblesse, mais ne sont jamais commis dans l'intention évidente de déplaire à Dieu; il y a rarement préméditation et l'homme vertueux est toujours le premier à reconnaître sa faute et à la regretter. Le criminel n'est puni de mort par la justice des hommes que lorsqu'il est bien établi qu'il a frappé sa victime avec l'intention de la tuer et que la préméditation ne fait pas l'ombre d'un doute. Qu'il reconnaisse loyalement son crime et qu'il en manifeste un repentir sincère, la justice ne fait aucune difficulté pour lui accorder des circonstances atténuantes et la peine devient temporaire. Le châtiment doit donc être proportionné à la faute. Ce qui existe dans la justice humaine n'existerait donc pas dans la justice de Dieu. Un homme vertueux ayant toujours réglé sa vie sur les principes de l'honneur et du devoir et dont l'âme n'aurait pas encore été souillée par le vice, serait jeté dans les flammes éternelles pour avoir commis une seule de ces fautes que l'église appelle péchés mortels. C'est là une question qui ne se pose pas, qui ne peut se poser.

Nous répétons que croire un instant à cette éventualité serait commettre un péché cent fois plus grand que ceux condamnés par l'église ; ce serait douter de Dieu et lui lancer le blasphème le plus odieux qui puisse exister.

Certes, nous ne voulons pas prétendre que l'homme n'est pas punissable. Dieu punit la créature coupable d'un châtiment proportionné à la faute commise. Il punit comme l'homme juste punit son fils coupable; c'est-à-dire avec équité, justice et inflexibilité.

Si vous voulez savoir quelle punition vous sera infligée, considérez quelle faute vous avez commise : Nous sommes tous punis par les causes qui nous ont fait pécher.

On nous dira que nous n'inventons rien en proclamant la loi du talion, cette coutume étant déjà en usage dans les peuples de l'antiquité païenne. L'origine nous importe peu, nous ne voulons voir dans cette loi que ses conséquences philosophiques, son origine ne change rien à notre thèse.

Si nous adoptons la loi du talion pour la punition de nos fautes, c'est que nous la trouvons la plus rationnelle, la seule qui puisse être attribuée à Dieu. Nous sommes punis par où nous avons péché, parce que c'est la seule punition équitable qui puisse être infligée aux humains ; parce que c'est le seul châtiment susceptible de porter des fruits et d'assainir l'humanité.

Quelle punition plus éclatante et plus juste que la chûte et l'humiliation de l'orgueilleux!! l'appauvrissement de l'avare, l'asservissement du despote ?

Si Dieu punit quelquefois, il récompense toujours : Quelle est la récompense qui nous est réservée dans l'éternité ?

Ce problème troublant a été résolu, comme tant d'autres, en autant de façons différentes qu'il y a de religions.

Chaque philosophe, chaque homme, même après avoir plus ou moins étudié les différentes questions psychologiques et métaphysiques, a été forcé de s'arrêter devant le cercueil, sans pouvoir franchir cette barrière sinistre qui sépare les vivants de l'au-delà, ce gouffre insondable où viennent s'échouer méthodiquement et sûrement tous les êtres de la création, quel que soit leur rang, leur puissance ou leur richesse, leurs vices ou leurs vertus.

Qu'est-ce donc que cette éternité mystérieuse devant laquelle les natures les plus fortement trempées reculent instinctivement? Que nous réserve cet avenir futur?

Que nous cache le tombeau ; est-ce le néant? Est-ce un séjour ténébreux et horrible? Notre conscience se révolte à cette idée. Alors?.....

Le problème de l'au-delà est trop grave et d'un intérêt trop général pour n'avoir pas passionné les hommes de toutes les nations et les philosophes de tous les âges. Il est à remarquer que toutes les théologies religieuses en ont fait un séjour de délices pour les âmes des justes. La définition de ce lieu est exprimée de la même façon, avec quelques variantes seulement, dans toutes les langues, même les plus anciennes : en sanscrit, en syriaque, en grec, en arabe, en persan ; partout le séjour réservé aux justes est appelé « Paradis » ou jardin de délices.

La croyance à l'immortalité de l'âme a naturellement amené à celle des peines et récompenses éternelles. Chaque peuple suivant son degré de civilisation a eu une idée plus ou moins élevée du paradis. La mythologie grecque nous montre les Champs-Elysées qui étaient une partie des enfers réservée aux âmes des justes. Chez les Germains, c'était le lieu où les guerriers, après avoir combattu, s'enivraient de cervoise amère. Suivant les traditions scandinaves, on devait retrouver au Paradis, toutes les joies terrestres.

Avant Jésus, les Juifs n'avaient qu'une idée très vague de l'audelà. Cependant depuis notre ère, ils se sont mis d'accord sur ce point avec les autres systèmes.

Nous savons comment l'église définit le bonheur des élus,

c'est-à-dire plutôt vaguement. Elle se contente d'affirmer que les justes seront, après le jugement dernier, admis dans le ciel pour y jouir d'une félicité, elle ajoute que les habitants du Paradis verront Dieu tel qu'il est et lui seront semblables.

Si cette combinaison a son côté idéal, elle n'est, en aucune façon, rationnelle. Lorsque l'église nous parle du ciel, elle nous le montre constamment au-dessus de nos têtes. Cette hypothèse qui eût pu être admise à l'époque où la terre était considérée comme immobile et occupant le centre de l'univers ne peut que nous faire sourire en ces temps modernes.

La science en démontrant la mobilité de la terre et l'existence des antipodes, a détruit les anciennes théories qui ne reposaient sur aucune base. L'église, après avoir longtemps rejeté comme imposture l'idée de l'existence des antipodes, en déclarant ironiquement qu'il était impossible que des hommes puissent marcher la tête en bas, a été forcée de reconnaître ensuite que ce qu'elle appelle le ciel environne le globe de toutes parts, et se présente aux yeux de l'homme sous le même aspect, quel que soit le point de la terre où celui-ci se transporte.

Le ciel ne pouvait donc plus être considéré comme une région supérieure puisqu'il existe aussi bien en dessous qu'au-dessus de nous. Après que la science eut découvert que cet azur bleu que nous aimons à admirer n'est autre chose que la couleur naturelle de l'atmosphère terrestre, l'église aurait pu s'avouer vaincue. La science, par le génie de Copernic et de Galilée lui enlevait à la fois les enfers et les cieux.

Dé nos jours, comme elle ne peut abandonner ses anciennes traditions sans porter atteinte à son infaillibilité, elle continue à nous montrer le ciel selon le vieux style, et à nous menacer de l'enfer, sans toutefois nous démontrer matériellement son existence ni pouvoir nous indiquer sa situation dans l'univers.

Cependant, la récompense suprême existe ; c'est vers ce but que tout homme, même le moins croyant, se dirige instincti-vement. Nous comprenons qu'il existe un Dieu, nous sentons qu'il existe en nous deux principes absolument contraires, deux individualités distinctes : l'une matérielle, l'autre spirituelle ; l'une destinée à s'user, à se déformer, à retourner au néant selon les lois universelles ; l'autre destinée à se fortifier, à progresser constamment en vertu des mêmes lois et sur laquelle aucun tombeau ne peut se reformer.

L'homme raisonnable peut-il s'imaginer que sa mission sera terminée lorsqu'il aura exalé son dernier souffle ? Peut-il croire que Dieu lui a donné une parcelle de sa divinité pour ne s'en servir que durant le court séjour de sa vie terrestre ? Peut-il penser qu'il a mérité une éternelle félicité pour quelques années de lutte ?

Oh ! hommes naïfs, votre labeur est à peine commencé. Regardez cet univers qui vous entoure. Voyez cette infinité de mondes gigantesques auprès desquels le vôtre n'est qu'un atôme. Comprenez ce que doit être votre œuvre et entrevoyez votre récompense future.

Quand l'homme aura visité tous ces mondes sidéraux, quand il aura pris contact avec tous les mondes inconnus, quand il aura parcouru cette immensité que l'imagination humaine ne peut concevoir, quand, suivant son degré de pureté, il aura gravi tous les degrés de l'échelle des mondes, quand, après avoir brisé sur son passage les chaines de l'esclave, rétabli les idées de fraternité et fait triompher la loi du progrès, il sera arrivé dans les mondes célestes où la haine, la guerre, la mort sont inconnues ; quand il sera devenu, en quelque sorte, lui-même un Dieu : Alors, sa mission sera remplie, alors, il touchera le prix de ses souffrances et de ses luttes. Au sommet de la gloire, il contemplera son œuvre. Des mains du créateur lui-même, il recevra sa récompense. Dieu, n'étant plus caché par les brumes du vice, lui apparaîtra resplendissant dans tout l'éclat de sa majesté. Resplendissant lui-même, l'homme, devenu de la même nature que Dieu, présidera, avec lui, à l'évolution des mondes.

Beaucoup d'hommes reculeront, saisis de crainte, devant l'énormité de leur tâche. Nos adversaires nous diront que notre manière de concevoir la récompense future équivaut presque à une éternité de souffrances : ceci est complètement faux. Que sont quelques milliers d'années devant l'éternité sans fin ? Que représente une idée temporaire devant l'idée éternelle ? Absolument rien.

Que l'homme se persuade que la vitesse de son ascension sera réglée sur la manière dont il comprendra son devoir et sur la façon dont il accomplira son œuvre de régénération. Qu'il se considère sur terre comme un hôte de passage qui, après son départ, ne doit plus y revenir, son enveloppe matérielle, seule, doit y rester, et disparaître comme toutes celles qu'il revêtira durant son évolution à travers les mondes.

Qu'il ne gémisse pas auprès d'un corps sans âme, il est plus à plaindre que celui qu'il pleure : le cher disparu n'a fait qu'obéir à la loi du créateur. Il est, aujourd'hui, plus près de Dieu qu'il ne l'était hier. Il a quitté cette terre, devenue indigne de lui, pour se rapprocher d'un degré des mondes supérieurs. Ce cadavre n'est plus rien, ne peut plus rien être. C'est une enveloppe usée qui sera remplacée par une autre. Elle disparaît de la création parce qu'elle est devenue inutile et ne reparaîtra jamais. 'Si Dieu n'a pas créé pour détruire, il n'a pas détruit pour créer. Il donne à l'homme autant de corps charnels qu'il lui en faudra pour arriver jusqu'aux mondes où tout ce qui est matériel n'existe plus.

Par notre conscience et notre raison seules, nous avons reconnu l'existence de Dieu et de ses perfections. Nous pourrons, et, nous dirons même nous devons, accomplir notre devoir envers lui, envers nous-mêmes et envers le prochain, sans le concours d'aucun intermédiaire. L'homme rationnel ne saurait s'adresser à une religion qui n'a pour qualités que l'invraisemblance, le fanatisme et le despotisme. Dieu est notre souverain, mais un souverain qui n'appuie pas sa puissante autorité sur la tyrannie, et dans les bras duquel le plus humble de ses sujets peut toujours se précipiter.

Pourquoi lui parler par l'intermédiaire d'un prêtre, quand nous pouvons lui demander nous mêmes ce dont nous avons besoin. Que nous ayons une requête à présenter à un personnage puissant, est-ce qu'elle n'aura pas plus de chance d'être accueillie si nous nous expliquons nous-mêmes avec sincérité, que si nous envoyons quelqu'un qui s'acquittera de sa mission plutôt avec indifférence ?

Agissons donc dans la vie spirituelle comme dans la vie matérielle ! Ne devons-nous pas être les premiers intéressés à notre sort ? Ne nous courbons sous aucune doctrine ; ne reconnaissons d'autre autorité que celle de Dieu ; ne cherchons pas la lumière dans une religion où n'existent que des ténèbres. L'Eglise est une institution qui ne répond plus aux nécessités du progrès. La civilisation ne peut plus tolérer que le culte de Dieu puisse être le monopole d'une secte ou d'une association quelconque. Ce culte doit appartenir à chaque homme et être universel. Si les arts et la science n'ont pas de patrie, la religion naturelle a pour empire toute l'étendue de l'univers. Devant elle, plus de barrières, plus de frontières, plus de races différentes : rien que des fils du même Dieu, marchant tous dans le même but.

Les conséquences de la religion rationnelle seront incalculables. Elle rétablira la véritable fraternité entre tous les peuples de la terre ; avec elle, disparaîtront le fanatisme, la haine et toutes les passions qui en sont le fruit.

L'homme comprendra que lui seul est l'artisan de son sort. Il comprendra qu'il est la première victime de ses erreurs et de sa faiblesse et remontera courageusement le courant qui l'entraînait vers sa perte. Il aura à lutter, dans cette noble tâche, contre le flot d'infamies qui tentera de le submerger, contre la rage des sectateurs qui verront avec rage leur proie leur échapper, mais son triomphe n'en sera que plus glorieux. La terre entière le suivra dans la voie du progrès, et l'humanité régénérée se sera rapprochée d'un degré des mondes immortels.

Les adversaires de la religion rationnelle lui reprocheront de détruire la doctrine du Christ, sans offrir aucune compensation. Ceci est complètement faux.

Le rationnalisme ne détruit pas le christianisme, puisque c'est d'après cette doctrine qu'il montre aux hommes le chemin du devoir. Si nous ne comprenons pas le Christ de la même façon que l'Eglise, nous lui donnons une conception qui ne fait que le rehausser aux yeux de l'humanité. D'ailleurs, n'est-il pas naturel que nous donnions une plus grande place dans notre cœur au Dieu créateur que l'Eglise semble avoir totalement oublié ?

CHAPITRE VII

Le Devoir

Le devoir est le principe fondamental du bien. C'est devant ce principe que tout homme raisonnable et vertueux doit s'incliner.

La définition du devoir est subordonnée à celle de la morale ; c'est pourquoi il est interprété, de façon aussi différente : Que la morale prenne sa source dans un sentiment élevé ou qu'elle soit égoïste, le devoir suivra toujours ses fluctuations.

Les devoirs envers nous-mêmes et envers nos semblables, bien qu'établis sur des principes différents, produisent les mêmes conséquences.

La conscience révèle à l'homme le sentiment d'une perfection vers laquelle il doit tendre. Tout en n'admettant pas l'école positiviste, nous devons reconnaître qu'elle est juste, quand elle dit que l'homme appartient à sa race, à ses semblables, avant d'appartenir à lui-même. Ce sentiment est d'autant plus juste que le bonheur d'une société assure celui de chacun de ses membres.

Le dévouement pour nos semblables trouve aussi sa récompense dans le dévouement réciproque de chacun de nous, pour tout ce qui appartient à la race : C'est l'esprit de la fraternité.

Ainsi entendu, l'esprit de fraternité diffère essentiellement, quant au principe, de l'esprit de charité qui rapporte tout à Dieu.

L'accomplissement du devoir réside dans le libre exercice de la volonté. Il y a donc deux sortes de devoirs : ceux qui nous sont imposés par la loi, et ceux qui nous sont imposés par la conscience. L'homme, jouissant de son libre arbitre, doit donc rechercher dans la raison pure les règles de sa conduite, soit pour se conformer aux conventions sociales qu'on appelle lois, soit pour ne rien faire, dans le cas où la loi cesse d'être son guide, qui soit contraire à ces deux préceptes : — Faites aux autres ce que vous voudriez que l'on vous fît. — Ne faites pas à autrui ce que vous ne voudriez pas que l'on vous fît.

L'homme cherche toujours à se perfectionner en vue de sa fin, c'est là une erreur. L'homme, spirituellement, ne meurt pas. Il ne doit donc pas envisager la mort comme la fin de la vie, mais comme un repos momentané qui lui est accordé afin de se procurer de nouvelles forces avant de reprendre sa course à travers l'infinité des mondes.

L'idée du devoir que donne l'Eglise le fait interprêter d'une manière fausse et hypocrite. L'homme de bien ne verra pas avec haine son semblable se diriger dans la vie d'une façon toute autre que la sienne ; s'il le voit se lancer dans l'erreur, ce sera avec douceur et bienveillance qu'il essaiera de lui démontrer ses torts et ne considérera sa mission comme terminée que lorsqu'il sera parvenu à son but. L'Eglise, au contraire, ne sait que jeter l'anathème à ceux qui ne pensent pas comme elle ; n'admet pas que l'on suspecte sa suprématie et ne consent qu'à imposer ses conseils, qui sont des ordres, que si l'intéressé vient se prosterner à ses pieds en abjurant, à l'instar de l'astronome Galilée, ce qui est vrai, ou en reconnaissant ce qui est faux.

L'homme de bien ne sait pas haïr même ceux qui le haïssent. L'Eglise n'a pas assez de persécutions pour ses adversaires. Elle a envoyé sur le bûcher de l'inquisition des hommes à qui elle n'avait qu'à reprocher que de l'indifférence à son égard. Elle met tout en œuvre pour bien pratiquer cette maxime inique et barbare : — Celui qui n'est pas avec moi est contre moi.

L'Eglise commande à l'homme de renoncer complètement à lui-même ; elle lui commande de faire taire la voix de la nature et abolit son libre arbitre ; les aptitudes physiques deviennent des qualités inutiles, même des défauts ; les qualités morales ne doivent être employées qu'autant qu'elles le permettent. Elle ordonne au riche d'assister le pauvre, mais à condition qu'il commence par elle-même et avec la certitude que son aumône ne s'étendra pas aux impies. Par sa fausse conception des devoirs moraux, elle donne à l'homme une fausse idée des obligations qu'il a à remplir ; elle lui donne des idées de paresse, annihile ses facultés, atrophie son intelligence, le rend hypocrite, vil et capable des actions les plus lâches, en lui persuadant que le confessionnal effacera ses forfaits.

Il faut que l'homme comprenne qu'il ne peut, sans pratiquer l'égoïsme le plus odieux, travailler uniquement pour son salut personnel. Nous devons nous considérer comme les membres d'une société dont tous les adhérents sont solidaires. La mission qui nous est confiée est celle de nous régénérer nous-mêmes, de montrer à ceux qui l'ignorent ce qu'ils sont et leur faire comprendre ce qu'ils doivent être ; de propager dans tous les mondes les doctrines humanitaires et progressistes.

Notre tâche est noble et grande. Travailler pour la régénération des mondes, c'est travailler en vue de notre propre perfection, c'est préparer notre récompense future. Ce n'est pas avec les quelques sous qu'il jette avec dédain à la face d'un malheureux que le fanatique entiché d'idées religieuses peut se vanter d'avoir mérité de l'humanité.

L'homme probe et intelligent qui sait employer utilement son génie et son activité en s'appuyant sur les lois du progrès et de la sociabilité fait plus pour l'humanité que l'être nul qui prodigue son or par ostentation ou fausse générosité, sans discerner si le service qu'il rend à la société est bon ou mauvais, sans s'assurer si ce qu'il sème est tombé dans un terrain susceptible de produire du bon grain.

Nous sommes tous solidaires du bien-être de chacun de nous; aucun homme ne peut donc être abandonné dans sa détresse. Il ne faut pourtant pas oublier que l'homme peut se relever lui-même de sa chute. Nous devons nous aider les uns les autres, mais il faut que cette assistance soit prodiguée de façon qu'elle permette à l'homme de reprendre son essor sans favoriser les idées de paresse et de mendicité et les autres parasites de la philanthropie. La charité ne consiste pas toujours dans la distribution de secours pécuniaires à ceux qui semblent nécessiteux. D'abord, les vrais malheureux, les véritables déshérités de la vie, ne sont rarement ceux qui tendent la main. Ensuite, il y a différentes manières de pratiquer la charité : une parole de consolation à un malade ou à un affligé lui fera souvent plus de bien que tous les soulagements qu'on pourrait lui procurer. Une parole d'amitié ou d'encouragement au déshérité de la vie sera pour lui comme un soulagement venant de Dieu.

Dans tous les cas, la reconnaissance sera toujours plus vive et mieux comprise quand il s'agira d'un service ou d'un appui moral que lorsqu'il s'agira d'un soulagement matériel.

L'amour du prochain peut être également compris de plusieurs manières. Ce n'est pas par des affectations hypocrites que l'homme de bien montre son amour pour son semblable. Là, comme ailleurs, ce sont les actes qui sont comptés, et non les paroles.

L'homme de bien qui possède l'idée de son devoir n'est pas fataliste, car il sait que le fatalisme est un doute contre la divinité et un manque de confiance envers la conscience. Il n'est pas prodigue, car la prodigalité n'est permise à personne ici bas. Les biens que nous possédons sur terre ne sont qu'un dépôt qui nous est confié à titre temporaire et à charge pour nous de l'employer au bien-être de la société et à l'amélioration du sort de nos semblables. Nous aurons donc à rendre compte plus tard de la façon dont nous avons employé les richesses qui nous ont été confiées.

Si l'on doit éviter la prodigalité, il faut se garder avec encore plus de soin de tomber dans l'avarice, qui est la lèpre de la charité. L'homme avare n'a plus et ne peut plus avoir aucun sentiment élevé; toutes ses considérations, toutes ses aspirations se portent vers son tas d'or qui constitue, pour lui, la véritable divinité.

L'homme vertueux et rationnel doit encore éviter le chauvinisme, qui n'est qu'une forme de fanatisme.

Nous devons nous souvenir que si ceux qui ne sont pas de notre nation peuvent, quelquefois, être nos ennemis, ils sont toujours nos frères ; on peut, sans être chauvin, aimer son pays. L'amour de la patrie est l'amour le plus sacré qui puisse exister après l'amour divin. L'homme ne peut oublier que le sol où il est né est la terre de ses ancêtres, que ses aïeux ont souvent arrosé de leur sang. Nous devons donc toujours être disposé à sacrifier notre vie pour l'indépendance de notre pays et mépriser les renégats qui se dérobent à leurs devoirs de citoyens et qui désertent leur drapeau.

Cependant, cette fierté nationale que chacun de nous possède, ne doit servir de prétexte aux nations pour se jeter les unes sur les autres et s'entredéchirer. La guerre est un vestige de la barbarie, un reste des horreurs de l'antiquité. L'homme qui parviendra à faire comprendre aux souverains la monstruosité de ces luttes fratricides, et aura contribué ainsi à amener le désarmement universel, aura bien mérité de l'humanité.

D'une façon générale, soyons de vrais socialistes, mais non utopistes, ne préconisons pas de réformes qu'il nous est, quant à présent, impossible d'obtenir, ne devançons pas l'œuvre du progrès, gardons-nous de prôner les moyens violents et sanglants.

C'est par la sagesse, la droiture et la persévérance que nous arriverons à nos fins, et non par les excitations meurtrières et les effusions de sang.

Dieu réprouve le mysticisme et condamne l'état monastique quoique l'église accorde ses préférences et des bénédictions spéciales à ceux qui se réfugient aux cloîtres ; nous ne trouvons aucun passage dans les écritures où il fait mention que pour acquérir la vie éternelle, l'homme doit fuir ses semblables.

Ce n'est pas renfermé dans un monastère que l'homme remplira la mission dont il est chargé. Ce n'est pas à l'ombre d'un cloître qu'il travaillera à la régénération de l'humanité en annihilant ses qualités dans le but de perfectionner son âme, il entre en lutte ouverte avec la loi de la nature qui est la loi de Dieu. En se retirant de la société, il commet une action aussi lâche que celle qu'accomplit le soldat en fuyant devant l'ennemi. Ce n'est pas au fond d'une cellule qu'on acquiert de la sainteté, c'est en se lançant bravement dans le tourbillon de la vie, en sachant coudoyer les passions les plus abjectes, sans être éclaboussé par elles, que l'homme se purifie, devient sublime même.

Femmes, ce n'est pas vos vœux de virginité, votre renoncement aux joies du foyer qui vous élèvent au-dessus de l'humanité. Souvenez-vous qu'une mère a un caractère plus sacré que le vôtre. Dieu après avoir créé l'homme lui a laissé le soin de conserver et de multiplier sa race. Il exige que chacun de nous prenne part à l'œuvre de reproduction. Il déverse des bénédictions spéciales sur le foyer familial et regarde avec dégoût ceux qui se dérobent à ce devoir sacré.

Il nous reste à ajouter, pour nous résumer, que la définition exacte du devoir ne peut être développée par aucune théorie. L'intuition céleste seule, arrive à ce but et éclaire mieux l'homme que l'étude de toutes les philosophies. L'homme rationnel n'éprouvera aucune difficulté pour trouver le chemin de la vertu; il n'aura qu'à suivre toutes les aspirations de son âme qui le porteront vers le bien. S'il rencontre un endroit obscur sur sa route, Dieu sera toujours là pour l'éclairer. Les obstacles ne compteront pas pour lui. Si, dans l'accomplissement de sa tâche, il éprouve un instant de lassitude, il sera de courte durée, car il se dira que la certitude d'une éternité, bien heureuse, revêt les peines bien légères. Il se dira qu'après ce monde grossier, à la merci des passions, éloigné de Dieu, ne connaissant que les jouissances matérielles, il s'en trouvera d'autres où rien n'est matériel, où le vice est inconnu, où l'homme n'a devant lui qu'une étendue de gloire et de félicité.

CONCLUSION

Ne vous semble-t-il pas, chers lecteurs, que Dieu, dégagé de
la confusion qui l'entoure, débarrassé de toutes les fausses vertus
dont on se plait à l'orner, placé au-dessus de toutes les légendes
plus ou moins vraisemblables qu'on a créées autour de sa divinité, vous apparait plus rayonnant, plus vrai, plus sublime, que
les théologiens, sans autres considérations que le triomphe de
leur doctrine, se plaisent à vous le montrer ?

Ne vous semble-t-il pas bizarre et incompréhensible que
l'église a pu maintenir son prestige pendant dix-neuf siècles, en
ne faisant que répondre et imposer des idées et des principes
absurdes que la conscience réprouve et que la raison refuse ?

Comment cette reine du despotisme qui ne possède en elle
aucun principe fondamental, la rattachant à la véritable divinité,
a-t-elle pu retenir captives pendant près de deux mille ans, l'intelligence et la raison, asservir la conscience et déformer le cœur,
en transformant en vice ce qui est vertu, en favorisant sciemment
le développement des passions qu'elle feint de condamner au
grand jour, en semant la haine et la discorde entre les hommes,
en n'ayant d'autre but que de maintenir son prestige, affirmer
son autorité et protéger son infaillibilité ?

Cela tient à ce que plus pervertie encore que les hommes dont
elle est chargée d'assurer le salut, elle excelle dans l'art de mettre
à profit les divisions existant entre les hommes, quand cela lui est
nécessaire. Elle comprend à merveille que la fusion de tous les
peuples de la terre en une seule famille, équivaudrait à sa perte
immédiate. Elle sait que si elle permettait à l'homme d'orienter
sa vie selon les principes de la raison et le jugement de conscience,
il s'affranchirait bien vite d'un joug devenu odieux. Elle sait que
son existence est assurée, aussi longtemps que l'homme n'aura
pas compris que lui seul est son juge sur la terre. C'est dans la
faiblesse humaine qu'elle puise sa puissance, et dans l'anarchie
morale son autorité.

L'église emploie, pour arriver à ses fins, deux intruments

principaux : le fanatisme et la mauvaise foi : le premier engendre la haine et toutes les passions qui en dérivent ; le second, l'hypocrisie, la bassesse et tout ce qui est vil.

Chose étrange en ce siècle où l'humanité semble vouloir secouer tous les jougs qui lui sont imposés ; le fanatisme n'a jamais compté autant d'adeptes. L'église comprenant que c'est la partie suprême qu'elle joue, n'a jamais excité cette haine aveugle avec autant d'ardeur. Tout occupée à sauvegarder ses intérêts, elle ne se rend pas compte de la terrible responsabilité qu'elle assume. Elle se refuse à comprendre qu'en encourageant ce zèle superstitieux à ses sectaires, elle combat à outrance la civilisation et ne tend rien moins qu'à replonger, dans un délai plus ou moins court, tous les peuples de la terre dans leur barbarie primitive.

Le fanatisme quel qu'il soit est ridicule, injuste et aveugle ; le fanatisme religieux joint à ces trois défauts la haine, la férocité et la cruauté.

Pour le fanatique, ceux qui ne partagent pas ses opinions, sont pour lui des ennemis mortels et irréconciliables, contre lesquels il éprouvera une âpre satisfaction à déverser sa haine et son mépris. Quand il se trouve en présence de ceux qu'il considère comme impies, on ne verra que la haine et la férocité peintes sur son visage. Pour lui ce sont des êtres possédés du démon, des bêtes immondes, des serpents venimeux propres à écraser sous son talon, des rebus de la création.

Le fanatisme est un des plus grands fléaux permanents de l'humanité. Ses conséquences matérielles sont, hélas ! trop connues de chacun de nous pour que nous nous y étendions plus longuement. Nous savons que la France lui doit les horreurs des guerres de religions et de la Saint-Barthélemy ; l'Espagne et l'Italie, les atrocités de l'Inquisition, dont plusieurs centaines de milliers de victimes n'ont pu calmer la fureur. De nos jours, nous sommes encore témoins des actes de férocité des luttes sanglantes existant, pour la plus grande honte de l'humanité, entre les partisans de sectes différentes.

Les conséquences morales du fanatisme sont tout aussi désastreuses partout où il s'est infiltré, et il a semé la division entre les hommes les plus unis, fait disparaître la fraternité et envenimé les haines. En s'accaparant pour lui seul de l'idée de Dieu et en la condamnant dans tout ce qui n'est pas sa doctrine, il a forcé l'homme le moins intransigeant à se cabrer devant ses exigences, à se révolter devant cette autorité. En montrant aux hommes un Dieu haineux et farouche, il leur a fait renier leur conscience et douter du créateur. Le matérialisme et l'athéisme n'ont donc d'autre cause que le fanatisme religieux et l'église, qui a mis tout en œuvre pour entretenir cette lèpre de l'humanité, au lieu de fulminer et de lancer ses anathèmes contre les théories matérialistes, ferait beaucoup mieux de reconnaît qu'elle est le principal auteur, pour ne pas dire le seul des doctrines du néant.

L'église n'ayant jamais été et ne pouvant être de bonne foi, ne peut avoir que des sectaires de mauvaise foi. Avec une astuce diabolique, elle parvient à modeler ses partisans d'après sa nature en les imprégnant de sa fausse humilité, de sa piété affectée et de son hypocrisie. La créature qui a signé ainsi avec l'église le pacte de la fourberie, ne s'appartient plus et se considère comme faisant partie du vatican, dont elle est devenue un passif sujet. L'église tient si bien ceux qui se sont fait prendre à ses filets, qu'il leur est impossible de se dégager. Leur volonté ne leur appartient plus; ils ne peuvent même pas adorer Dieu selon leur conscience, la façon de remplir leurs devoirs de piété leur est imposée. La véritable divinité s'efface devant le prêtre à qui ils doivent rendre compte de toutes leurs actions, de toutes les pensées, et que, dans beaucoup de cas, ils confondent avec Dieu. On ne leur laisse leur libre arbitre que pour célébrer les vertus des saints pères, prêcher la croisade contre les impies et grossir le trésor du saint siège.

Il est bien entendu que nous ne faisons pas allusion ici aux âmes naïves et de bonne foi, qui ne franchissent le seuil d'une église que dans le but unique d'être en communication avec le Dieu suprême et non avec le prêtre. Si nous donnons plus haut la description succincte des différentes formes du fanatisme, ce n'est pas par animosité personnelle, mais pour bien démontrer que de tels principes et de tels préceptes sont bien faits pour concourir à la décadence de l'humanité. L'église le sait pertinemment, mais elle s'intéresse trop à son propre sort pour changer de tactique. Que lui importe que les hommes s'entredéchirent, que la haine règne en maîtresse, que les discordes et les querelles divisent les hommes, du moment qu'elle peut maintenir son activité et son prestige. Si elle se rend compte parfois de la crise morale qui sévit sur l'humanité, elle se garde bien d'en rechercher les véritables causes. Elle se contente de se lamenter sur le sort des hommes qui ne se sont pas placés sous son égide, déplore l'esprit d'indépendance qui souffle sur la terre et proclame avec une gravité comique l'influence de Satan. Elle déclare grands ouverts ses bras remplis de bénédictions (lisez hypocrisie) à tous les repentants qui voudront s'y jeter.

Pour notre part, nous savons que nous n'échapperons pas à la loi commune. Nos adversaires affirmeront avec rage que pour écrire autant d'impiétés, il fallait que nous fussions sous l'empire d'un génie infernal; que notre plume fut tenue par Satan lui-même.

Pauvre diable ! de quel forfait ne t'a-t-on pas déjà rendu coupable ! C'est à lui que l'église attribue toutes les fautes, toutes les lâchetés, tous les vices du genre humain, ce qu'elle n'ose pas lui attribuer c'est que, c'est grâce à l'enfer qu'elle a su jusqu'à présent triompher de toutes les difficultés. Satan pourrait, s'il existait, proclamer qu'il a bien mérité du souverain pontife.

Est-ce un esprit malin et infernal qui, après avoir reconnu l'existence de Dieu, en donnerait la conception comme nous la donnons? Ne chercherait-il pas à ravaler la divinité au lieu de la faire rayonner au-dessus de l'univers ? Est-ce un démon qui prêcherait l'union des races, la fraternité et l'amour du prochain? Ne mettrait-il pas tout en œuvre pour rabaisser ce qui est sublime, réprouver ce qui est bon, nier tout ce qui touche à Dieu ? Ne s'attacherait-il pas à relever ce qui est bas et vil, approuver tout ce qui flatte nos sens et rejeter tout ce qui n'est pas matériel ?

Nous avons la satisfaction intime de n'avoir, guidé par la raison, obéi qu'à notre conscience qui est inviolable, c'est pourquoi nous n'apposerons que le silence le plus dédaigneux aux infamies dont on va tenter de nous submerger. Cette étude à laquelle nous apporterons, plus tard, un plus ample développement s'il y a lieu, ne s'adresse qu'aux personnes sur lesquelles la superstition et le fanatisme ne peuvent avoir aucune prise et ne cherchant que la solution des grands problèmes dans leurs consciences et dans leurs raisons seules. Nous avons dit et nous le répétons que nous respectons toutes les croyances qui sont sincères et de bonne foi. Nos adversaires nous considéreront comme perdu et nous voueront aux flammes éternelles. Nous leur répondrons que, moins intransigeant qu'eux et surtout plus humain, personne n'est perdu ici-bas, pas même ceux qui n'ont pour nous que de la haine. Aux âmes incertaines, hésitantes, mais sincères, nous dirons que Dieu répondra partout au cri de leur âme, que Dieu entendra leur appel en n'importe quel lieu, que ce soit dans une église, un temple, une mosquée ou une pagode. Il exaucera ceux qui l'imploreront, qu'on l'appelle Jehova, Allah, Boudha ou Brhama. Il ne s'intéresse pas au qualificatif qu'on lui donne. Ce qui compte devant lui ce sont les sentiments dont on est animé, les élans de l'âme et le culte intérieur qui lui est rendu.

Pourtant, quand le véritable croyant, celui qui n'a pas besoin de pénétrer dans un temple pour croire à Dieu et l'honorer, comprendra que là ne se trouve peut-être pas la véritable solution du problème divin ; que cette majesté surnaturelle ne peut être matérialisée et présentée à l'adoration des hommes sous forme d'idoles, que cette rivalité de doctrine est contraire aux lois de Dieu ; quand il verra que le culte de Dieu est considéré par les chefs des sectes comme un monopole, une gigantesque opération commerciale et non comme une mission sacrée; Alors, peut-être ses yeux s'ouvriront-ils, peut-être comprendra-t-il que l'idée du vrai Dieu se trouve ailleurs que dans le fanatisme et la haine des sectaires, qu'il existe une religion qui n'est pas basée sur l'or, ni sur l'orgueil, qu'il existe un culte véritable que chacun de nous porte en son cœur.

Hommes libres et sensés, tournez-vous vers cette doctrine unique basée sur la philosophie rationnelle et sur les principes édictés par la conscience. Venez à cette doctrine universelle et inviolable qui n'a pas été constituée par des légendes obscures, des lambeaux arrachés aux anciennes religions ou par les vestiges des traditions païennes. Venez à cette religion véritable inspirée par l'intuition divine enseignée par Dieu.

Avec la religion naturelle disparaîtra la haine et tous les fléaux qui sont la honte de la civilisation. L'homme comprenant que pour atteindre les mondes supérieurs, il doit devenir lui-même sublime, mettra tout en œuvre pour arriver à la perfection. Il comprendra qu'il doit se rapprocher autant que possible de la divinité, s'il veut être admis dans les mondes divins. Débarrassé des faux préjugés, l'esprit dégagé des incertitudes qui découlent de toutes les doctrines religieuses, il éprouvera dans l'accomplissement de son devoir un bien-être inconnu jusqu'alors ; il sentira qu'il marche au but avec la certitude de ne pas se tromper. Il triomphera avec facilité de toutes les difficultés qu'il rencontrera sur son chemin, car il se sentira fort sous l'égide puissante de la divinité. Au-dessus de toutes les fausses traditions, ne voyant sur son chemin que des frères quelle que soit leur race, leur rang, leur titre et leur condition ; ne trouvant dans chaque homme un collègue coopérant ou prêt à coopérer avec lui à l'œuvre de la régénération des mondes, il tendra la main à tout être humain, fut-il d'opinion ou de croyance complètement opposé à ses idées, fut-il chrétien, juif ou bouddhiste.

Par de tels procédés, le fanatisme sapé par la base n'aura plus qu'à disparaître à jamais. Toutes les nations du globe comprenant que leur mission sur la terre n'est pas de s'entre-tuer, mais de s'aider mutuellement et concourir ensemble au bien-être de chacun, jetteront bas les armes dans un élan de généreux enthousiasme, un souffle divin traversera l'univers, et les hommes régénérés ; partout sur le front, la devise — fraternité — écrite en lettres de feu, marcheront la main dans la main, précédés du progrès, vers la récompense future et certaine, vers l'éternité sublime tandis que du vice disparu, balayé, extirpé jusque dans ses racines les plus profondes, il n'en restera que le sombre souvenir.

Une telle conception de l'humanité future pourrait être considérée comme paradoxale, utopiste, chimérique même.

Il n'en est pourtant rien. Par suite de l'état d'esprit assez bizarre dans lequel se trouve actuellement la société, aussitôt que l'on préconise une réforme, que l'on envisage une amélioration quelconque, on est taxé d'idéaliste et d'utopiste. Cela tient à ce que l'homme blasé, écœuré devant le spectacle journalier de la vertu écrasée et du vice récompensé, n'attend plus rien susceptible de provoquer une réaction salutaire sur cette humanité qu'il considère comme complètement pourrie. Il assiste avec indifférence à la chute de ce monde que, selon lui, rien ne peut sauver du désastre. Il ne pense pas qu'en se retirant de la lutte, il est le premier coupable de cet écrasement. Qu'il se dégage un instant de la matérialité humaine, il comprendra que l'espèce humaine n'est pas, et ne peut pas être gangrénée jusqu'aux mœlles, que ce monde agonisant ne peut pas sombrer dans l'abîme ; que l'homme possède en lui toutes les sources de la vitalité et des perfections morales, et que cette humanité qui se consume sur ses ruines peut, instantanément renaître de ses cendres resplendissante, de gloire et de vitalité.

Nous ne pouvons terminer cette étude, sans ajouter une dernière réflexion personnelle sur la valeur que l'on doit attribuer à l'infaillibilité de cette église unique et universelle.

Si cette église renfermait dans l'ensemble de ses dogmes la véritable religion de Dieu, elle devrait, à n'en pas douter, être comblée de la bénédiction du créateur dont elle serait le porte parole, la personnification terrestre. Une religion qui serait le reflet exact de la divinité, devrait être invincible et inébranlable. Elle ne devrait connaître aucune difficulté, triompher aisément des obstacles les plus insurmontables ; ne pas être universelle

que de nom et étendre son influence d'une extrémité à l'autre
de la terre. En est-il ainsi?

Nous avons démontré, dans le cours de cette étude la valeur
qui peut être attribuée à cette fameuse infaillibilité dont l'église
aime à se parer. Nous avons de plus signalé son affaiblissement
et sa décadence morale. Si elle montre encore un semblant de
prestige, ce n'est qu'à force de ruse et de diplomatie. Loin
d'étendre son influence, elle fait carrément machine en arrière
et voit son cercle se resserrer tous les jours. Nous avons vu que
le christianisme compte environ 240 millions de fidèles pour la
totalité de la population du globe. On voit que ce chiffre peut
laisser rêveur si l'on songe que cette population dépasse un mil-
lard d'âmes. Or, d'après l'église ceux qui ne reconnaissent pas
son autorité devant être destinées aux flammes éternelles, on
trouverait donc le chiffre de 800 millions d'âmes destinées d'une
façon permanente à devenir les pensionnaires de Satan.

Cette courte déduction nous dispense de longs commentaires.
Si Dieu approuvait l'œuvre de l'église, laisserait-il perdre de
gaîté de cœur, les trois quarts de ses enfants? Ne leur montre-
rait-il pas la voie qu'ils n'auraient pas su trouver? Ne leur insuf-
flerait-il pas cette intuition céleste qui fait que l'homme ne se
trompe jamais? A la raison de nos lecteurs de répondre à ces
questions, à leur conscience le soin de conclure.

Pour nous, nous dirons :

Hommes jouissant de votre libre arbitre et que le fanatisme
n'a pu souiller ; âmes sincères qui n'avez pas perdu la confiance
de vous-mêmes mais qui comprenez la sublimité de votre
mission, une noble tâche nous est réservée. Dieu nous appelle
vers lui, il a fait un tracé lumineux de notre ouvrage et nous
montre l'univers insondable.

Côte à côte, la main dans la main partons à la conquête
pacifique des mondes. Par ordre du créateur opérons une révolution dans l'humanité mais une révolution pacifique et éternelle.

Au nom de la civilisation et du progrès semons partout les
principes de l'honneur et du devoir. Au nom de la liberté, bri-
sons les chaînes de l'esclave, amoindrissons le pouvoir du
despote; luttons de toutes nos forces pour l'émancipation des
petits. Au nom de l'égalité supprimons toute distance existant
entre le serf et son seigneur, supprimons les titres de noblesse ;
le sang noble n'existe que dans l'imagination de l'orgueilleux.

Au nom de la fraternité mettons la main de l'artisan dans
celle du prince de sang ; forçons le frac à saluer la blouse et

écartons du cœur humain tout objet propre à exciter la haine ou à semer la division entre les hommes.

En nous lançant dans cette voie nous travaillerons sans relâche à notre bonheur futur. Si notre tâche est ingrate en ce monde elle sera douce dans un autre. Nous aurons la satisfaction d'avoir fait un pas de géant dans l'immensité céleste, de nous être rapprochés de Dieu, d'avoir travaillé à la régénération de l'humanité terrestre ; d'en avoir fait, si ce n'est un monde supérieur, du moins un monde raisonnable et intelligent, capable d'habiter dans l'avenir des régions plus élevées où le vice et tous les fléaux de la terre sont inconnus, où le bonheur éternel constitue la loi naturelle que l'homme trouve sans avoir besoin de le chercher.

FIN

TABLE DES CHAPITRES

www.ingramcontent.com/pod-product-compliance
Lightning Source LLC
Chambersburg PA
CBHW061243050726
47594CB00004B/1348